中国人民银行统计季报

THE PEOPLE'S BANK OF CHINA QUARTERLY STATISTICAL BULLETIN

2019-1
总第93期
VOLUME XCIII

目录

Contents

目录

Contents

1 1 主要经济指标
Major Economic Indicators

单位：亿元
Unit:100 Million Yuan

	国内生产总值 *（现价）Gross Domestic Product* (Current Price)	第一产业 Primary Industry	第二产业 Secondary Industry	第三产业 Tertiary Industry
2011	489301	46163	227039	216099
2012	540367	50902	244643	244822
2013	595244	55329	261956	277959
2014	643974	58344	277572	308059
2015	689052	60862	282040	346150
2016.01				
2016.02				
2016.03	161456	8803	61385	91268
2016.04				
2016.05				
2016.06	342071	22097	135116	184858
2016.07				
2016.08				
2016.09	532434	40667	210755	281012
2016.10				
2016.11				
2016.12	740061	60139	296548	383374
2017.01				
2017.02				
2017.03	179403	8206	69704	101493
2017.04				
2017.05				
2017.06	378581	20851	152358	205372
2017.07				
2017.08				
2017.09	588405	39107	237116	312183
2017.10				
2017.11				
2017.12	820754	62100	332743	425912
2018.01				
2018.02				
2018.03	197920	8574	77117	112229
2018.04				
2018.05				
2018.06	417215	21576	168558	227081
2018.07				
2018.08				
2018.09	646711	39800	261823	345088
2018.10				
2018.11				
2018.12	900310	64734	366001	469575

* 季度国内生产总值为当年累计数。
* The quarterly data for GDP are grand totals of current year.

1 2 主要经济指标
Major Economic Indicators

单位：%
Unit: %

	国内生产总值* Gross Domestic Product*	第一产业 Primary Industry	第二产业 Secondary Industry	第三产业 Tertiary Industry	工业增加值** Industrial Value-added**	国有及国有控股企业 State-owned and State-holding Enterprises	集体企业 Collective Enterprises	外商及港澳台投资企业 Foreign-funded Enterprises
2011	9.5	4.2	10.7	9.5	12.8	9.2	11.4	8.7
2012	7.9	4.5	8.4	8.0	10.3	8.0	5.2	6.9
2013	7.8	3.8	8.0	8.3	9.7	8.3	3.4	8.9
2014	7.3	4.1	7.4	7.8	7.9	3.8	0.9	5.4
2015	6.9	3.9	6.2	8.2	5.9	2.6	0.7	3.5
2016.01								
2016.02								
2016.03	6.7	2.9	6.0	7.5	6.8	3.2	0.2	4.8
2016.04					6.0	-0.1	1.6	2.6
2016.05					6.0	-0.5	3.3	3.1
2016.06	6.7	3.0	6.2	7.5	6.2	-0.1	3.6	3.6
2016.07					6.0	2.9	-1.5	5.1
2016.08					6.3	3.6	-4.1	6.7
2016.09	6.7	3.5	6.3	7.5	6.1	3.3	-3.8	6.2
2016.10					6.1	3.2	-3.8	4.8
2016.11					6.2	4.2	-4.4	5.6
2016.12	6.7	3.3	6.3	7.7	6.0	6.4	-11.7	5.2
2017.01								
2017.02								
2017.03	6.8	3.0	6.2	7.7	7.6	7.7	1.5	7.1
2017.04					6.5	5.6	1.9	5.5
2017.05					6.5	6.2	3.2	5.9
2017.06	6.8	3.5	6.2	7.7	7.6	6.8	3.9	8.0
2017.07					6.4	6.7	-3.6	6.7
2017.08					6.0	7.8	-2.1	7.9
2017.09	6.8	3.7	6.1	7.8	6.6	9.0	-2.6	8.9
2017.10					6.2	6.6	3.6	6.5
2017.11					6.1	6.3	-0.7	6.8
2017.12	6.8	4.0	5.9	7.9	6.2	5.0	0.5	5.7
2018.01								
2018.02								
2018.03	6.8	3.2	6.3	7.5	6.0	5.7	3.9	4.9
2018.04					7.0	7.7	-6.4	6.8
2018.05					6.8	8.1	-2.9	8.4
2018.06	6.8	3.3	6.1	7.6	6.0	6.1	-1.9	5.4
2018.07					6.0	6.2	-2.8	6.1
2018.08					6.1	5.6	-1.2	4.9
2018.09	6.7	3.4	5.9	7.7	5.8	5.6	2.0	3.2
2018.10					5.9	4.6	-3.6	3.9
2018.11					5.4	3.9	2.0	1.9
2018.12	6.6	3.5	5.8	7.6	5.7	3.6	-1.4	1.7

* 国内生产总值累计增长率和工业增加值当月增长率按可比价格计算。

* The growth rates of accumulative GDP and the growth rates of monthly industrial value-added are calculated on the basis of comparable price.

** 工业增加值口径自 2011 年起改为年主营业务收入 2000 万元及以上的工业企业。

** The industrial value-added has been adjusted to industrial enterprises with the annual sales income from main business over 20 million yuan since 2011.

1 3 主要经济指标
Major Economic Indicators

单位：亿元
Unit: 100 Million Yuan

	固定资产投资（不含农户）* Fixed Assets Investment (Excluding Rural Households) *	国有及国有控股 State-owned and State-holding Units	房地产开发 Real Estate Development	消费品零售额 ** Total Retail Sales of Consumer Goods**
2011	302396	107486	61797	187206
2012	364854	123694	71804	214433
2013	435747	144056	86013	242843
2014	501265	161629	95036	271896
2015	551590	178933	95979	28635
2016.01				
2016.02	38008	12814	9052	
2016.03	85843	29120	17677	25114
2016.04	132592	45215	25376	24646
2016.05	187671	64733	34564	26611
2016.06	258360	91089	46631	26857
2016.07	311694	110147	55361	26827
2016.08	366339	129551	64387	27540
2016.09	426906	151617	74598	27976
2016.10	484429	171869	83975	31119
2016.11	538548	191080	93387	30959
2016.12	596501	213096	102581	31757
2017.01				
2017.02	41378	14662	9854	
2017.03	93777	33087	19292	27864
2017.04	144327	51476	27732	27279
2017.05	203718	72912	37595	29459
2017.06	280605	102022	50610	29808
2017.07	337409	123013	59761	29610
2017.08	394150	143827	69494	30330
2017.09	458478	168164	80644	30870
2017.10	517818	189881	90544	34241
2017.11	575057	211295	100387	34108
2017.12	631684	232887	109799	34734
2018.01				
2018.02	44626		10831	
2018.03	100763		21291	29194
2018.04	154358		30592	28542
2018.05	216043		41420	30359
2018.06	297316		55531	30842
2018.07	355798		65886	30734
2018.08	415158		76519	31542
2018.09	483442		88665	32005
2018.10	547567		99325	35534
2018.11	609267		110083	35260
2018.12	635636		120264	35894

* 自2011年起，投资项目统计起点标准由原来的50万元调整为500万元，“固定资产投资（不含农户）”等于原口径的“城镇固定资产投资”加上“农村企事业组织项目投资”。

* Since 2011, investment indicators have been calculated using new threshold criteria of 5 million yuan instead of 500 thousand yuan in the past. “Fixed Assets Investment (Excluding Rural Households)” equals to “Fixed Assets Investment in Urban Area” under the old creteria plus “Investment of Rural Enterprises and Institutions”.

** 自2010年1月起，“消费品零售额”采用新的分组替代原来的分组。

** Since January 2010, “Total Retail Sales of Consumer Goods” has adopted new categories.

1 4 主要经济指标
Major Economic Indicators

单位：亿美元（除另注明外）
Unit:100 Million USD (unless noted otherwise)

	人均收入（单位：元人民币） Income Per Capita (Unit:RMB Yuan)		进出口总值 Trade Volume			贸易差额 Trade Balance	外商直接投资 * Foreign Direct Investment*	外汇储备 * Foreign Exchange Reserves*
	城镇居民可支配收入 Disposable Income of Urban Households	农村居民可支配收入 ** Disposable Income of Rural Households**		出口 Export	进口 Import			
2011	21809.8	6977.3	36418.6	18983.8	18184.1	1549.0	1160.1	31811.5
2012	24565.0	7917.0	38671.2	20487.1	18184.1	2303.1	1117.2	33116.0
2013	26955	8896	41589.9	22090.0	19499.9	2590.1	1175.9	38213
2014	28844	10489	43015.3	23422.9	19592.3	3830.6	1195.6	38430
2015	31195	11422	3866.4	2231.4	1635.1	596.3	1262.7	33304
2016.01			2819.5	1694.0	1125.5	568.5	140.7	32309
2016.02			2152.7	1217.1	935.6	281.5	225.2	32023
2016.03	9255	3578	2852.9	1551.0	1301.9	249.1	354.2	32126
2016.04			2935.2	1666.9	1268.3	398.6	453.0	32197
2016.05			3065.8	1757.1	1308.7	448.4	541.9	31917
2016.06	16957	6050	3078.7	1766.0	1312.6	453.4	694.2	32052
2016.07			3129.7	1806.6	1323.1	483.5	771.3	32011
2016.08			3275.6	1888.3	1387.3	501.0	858.8	31852
2016.09	25337	8998	3264.5	1834.4	1430.1	404.3	950.9	31664
2016.10			3055.1	1768.4	1286.7	481.7	1039.1	31207
2016.11			3440.4	1935.6	1504.8	430.8	1137.9	30516
2016.12	33616	12363	3785.7	2091.0	1694.7	396.3	1260.0	30105
2017.01			3118.7	1802.7	1316.0	486.8	120.0	29982
2017.02			2486.3	1188.5	1297.9	-109.4	207.0	30051
2017.03	9986	3880	3357.9	1792.5	1565.4	227.1	338.1	30091
2017.04			3190.2	1777.6	1412.5	365.1	427.3	30295
2017.05			3382.5	1890.9	1491.7	399.2	508.5	30536
2017.06	18322	6562	3482.9	1947.6	1535.4	412.2	656.5	30568
2017.07			3393.9	1921.2	1472.7	448.5	721.4	30807
2017.08			3560.4	1980.4	1580.0	400.5	815.0	30915
2017.09	27430	9778	3685.1	1979.4	1705.7	273.8	920.9	31085
2017.10			3389.1	1879.0	1510.0	369.0	1011.2	31092
2017.11			3932.4	2158.4	1774.1	384.3	1199.1	31193
2017.12	36396	13432	4092.0	2315.2	1776.7	538.5	1310.4	31399
2018.01			3805.6	1994.9	1810.7	184.2	120.7	31615
2018.02			3089.8	1706.4	1383.4	323.0	210.6	31345
2018.03	10781	4226	3535.6	1739.1	1796.6	-57.5	345.1	31428
2018.04			3716.1	1989.5	1726.7	262.8	436.0	31249
2018.05			3997.9	2116.1	1881.8	234.3	526.6	31106
2018.06	19770	7142	3903.2	2156.2	1747.0	409.2	683.2	31121
2018.07			4014.0	2144.2	1869.8	274.4	760.7	31179
2018.08			4076.7	2169.6	1907.1	262.5	865.0	31097
2018.09	29599	10645	4204.1	2254.3	1949.9	304.4	979.6	30870
2018.10			3964.8	2148.0	1816.7	331.3	1076.6	30531
2018.11			4068.1	2243.3	1824.7	418.6	1212.6	30617
2018.12	39251	14617	3854.4	2212.5	1641.9	570.6	1349.7	30727

* 月度外商直接投资为累计数，外汇储备为余额数。

* Monthly data for foreign direct investment are grand totals. Data for foreign exchange reserves are outstanding amounts.

** 自 2015 年起，本表中“农村居民现金收入”更名为“农村居民可支配收入”；对 2015 年以前该项数据未作调整。

** Since 2015, in this table, as “Cash Income of Rural Households”, “Disposable Income of Rural Households” has been used, the data before 2015 were unchanged.

1 5 主要经济指标
Major Economic Indicators

单位：特别提款权
Unit:100 Million SDR

	进出口总值 Trade Volume	出口 Export	进口 Import	贸易差额 Trade Balance	外商直接投资 Foreign Direct Investment
2016.01	2040.3	1225.9	814.5	411.4	101.8
2016.02	1545.3	873.7	671.6	202.1	162.5
2016.03	2044.9	1111.7	933.2	178.6	254.9
2016.04	2083.5	1183.2	900.3	282.9	325.1
2016.05	2172.4	1245.1	927.3	317.8	388.1
2016.06	2187.1	1254.6	932.5	322.1	496.3
2016.07	2251.3	1299.5	951.8	347.8	551.7
2016.08	2341.0	1349.5	991.5	358.0	614.3
2016.09	2333.4	1311.2	1022.2	289.0	680.1
2016.10	2213.3	1281.1	932.2	348.9	744.0
2016.11	2516.4	1415.8	1100.6	315.1	816.3
2016.12	2810.3	1552.2	1258.0	294.2	906.9
2017.01	2307.6	1333.9	973.7	360.2	88.8
2017.02	1834.5	876.9	957.6	-80.7	153.0
2017.03	2478.6	1323.1	1155.5	167.6	249.8
2017.04	2343.8	1306.0	1037.8	268.2	315.3
2017.05	2460.7	1375.5	1085.1	290.4	374.4
2017.06	2517.4	1407.7	1109.7	297.9	481.3
2017.07	2432.1	1376.7	1055.3	321.4	527.8
2017.08	2523.0	1403.4	1119.6	283.8	594.2
2017.09	2594.6	1393.7	1200.9	192.7	668.7
2017.10	2404.1	1332.9	1071.2	261.8	732.8
2017.11	2792.4	1532.7	1259.7	272.9	866.2
2017.12	2891.5	1636.0	1255.5	380.5	944.9
2018.01	2645.9	1387.0	1258.9	128.0	83.9
2018.02	2129.0	1175.8	953.2	222.5	145.9
2018.03	2433.6	1197.0	1236.6	-39.6	238.4
2018.04	2562.0	1371.6	1190.4	181.2	301.1
2018.05	2807.1	1485.8	1321.3	164.5	364.7
2018.06	2760.4	1524.9	1235.5	289.4	475.5
2018.07	2856.5	1525.9	1330.6	195.2	530.6
2018.08	2921.7	1554.9	1366.8	188.1	605.4
2018.09	3002.4	1609.9	1392.5	217.4	687.2
2018.10	2850.6	1544.4	1306.2	238.2	757.0
2018.11	2938.3	1620.3	1318.0	302.4	855.2
2018.12	2782.5	1597.2	1185.3	411.9	954.2

注 1：外商直接投资为累计值。

Note 1: Monthly data for foreign direct investment are grand totals.

注 2：进出口、贸易差额和外商直接投资数据以 SDR 为计值单位。具体方法为：以商务部和中国海关总署发布的美元计值的月度外商直接投资和进出口、贸易差额发生额数据为基础，根据国际货币基金组织每个工作日公布的 SDR 对美元汇率计算月均汇率，折算以 SDR 计值的月度数据。季度和年度数据均由 SDR 计值月度数据累计相加获得。

Note 2: Data for import, export, trade balance and foreign direct investment are measured in SDR. The method is to convert the monthly data for foreign direct investment, imports, exports and trade balance measured by US dollar, which are published by the Ministry of Commerce and the General Administration of Customs of China, to monthly data measured in SDR. The monthly SDR value is averaged by the daily SDR value against US dollar published by IMF. Quarterly and annual data are aggregated from the converted monthly data.

2.1 主要金融指标
Major Financial Indicators

单位：亿元
Unit:100 Million Yuan

	社会融资规模增量 Aggregate Financing to the Real Economy(AFRE, flow)	M2	M1	M0	金融机构人民币各项存款 Total Deposits by All Financial Institutions	储蓄存款 * Savings Deposits*	金融机构人民币各项贷款 Total Loans by All Financial Institutions
2011	128286	851590.9	289847.7	50748.5	809368.3	343635.9	547946.7
2012	157631	974148.8	308664.2	54659.8	917554.8	399551.0	629909.6
2013	173169	1106525	337291	58574	1043847	447602	718961
2014	158761	1228375	348056	60260	1138645	485261	816770
2015	154063	1392278	400953	63217	1357022	546078	939540
2016.01	34758	1416320	412686	72527	1377549	555011	964618
2016.02	43070	1424619	392505	69421	1386016	575047	971884
2016.03	67000	1446198	411581	64651	1411183	580800	985613
2016.04	74810	1445210	413505	64403	1419506	571504	991169
2016.05	81579	1461695	424251	62781	1437811	572047	1001025
2016.06	98059	1490492	443644	62819	1462397	581521	1014859
2016.07	102850	1491559	442934	63276	1467469	579279	1019495
2016.08	117454	1510983	454544	63455	1485220	583411	1028982
2016.09	134570	1516361	454340	65069	1485214	592909	1041138
2016.10	143434	1519485	465447	64215	1497354	588229	1047650
2016.11	161762	1530432	475406	64904	1504229	591500	1055596
2016.12	178159	1550067	486557	68304	1505864	597751	1066040
2017.01	37095	1575946	472526	86599	1520724	629064	1086367
2017.02	48141	1582913	476528	71728	1543814	630077	1098024
2017.03	72143	1599610	488770	68605	1556487	637409	1108256
2017.04	87747	1596332	490180	68393	1559118	625236	1119234
2017.05	100883	1601360	496390	67333	1570194	626485	1130353
2017.06	122014	1631283	510228	66978	1596636	637138	1145721
2017.07	136996	1628997	510485	67129	1604795	629623	1153976
2017.08	154510	1645157	518114	67551	1618426	632213	1164896
2017.09	176962	1655662	517863	69749	1622758	642591	1177617
2017.10	188966	1653434	525977	68231	1633319	634539	1184249
2017.11	208105	1670013	535565	68623	1648974	635994	1195477
2017.12	223970	1676769	543790	70646	1641044	643768	1201321
2018.01	30793	1720814	543247	74636	1679728	652744	1230255
2018.02	42687	1729070	517036	81424	1676717	681474	1238649
2018.03	58535	1739859	523540	72693	1691816	686804	1249814
2018.04	76296	1737684	525448	71476	1697168	673585	1261589
2018.05	85814	1743064	526277	69775	1710216	675751	1273112
2018.06	100691	1770178	543945	69589	1731176	686695	1291534
2018.07	112945	1776196	536624	69531	1741463	683763	1306067
2018.08	132336	1788670	538325	69775	1752365	687226	1318822
2018.09	154027	1801666	538574	71254	1761267	700518	1332663
2018.10	161447	1795562	540128	70107	1764802	697171	1339633
2018.11	176686	1813175	543499	70563	1774310	704576	1352127
2018.12	192584	1826744	551686	73208	1775226	716038	1362967

注 1：自 2011 年起增加社会融资规模增量指标。社会融资规模增量是指在一定时期内（每月、每季度或每年）实体经济从金融体系获得的资金总额。统计数据为年累计数，当期数据为初步数据。

Note 1: Aggregate Financing to the Real Economy(AFRE, flow) has been included as a new indicator since 2011. It includes all the funding from the financial system to the real economy during a certain period, such as a month, a quarter or a year. In this sheet, data of "AFRE, flow" are yearly accumulated amounts. Statistics for the current period are preliminary.

注 2：自 2011 年 10 月起，货币供应量已包括住房公积金中心存款和非存款类金融机构在存款类金融机构的存款。

Note 2: Since October 2011, money supply has already included deposits in housing provident fund management centers, as well as deposit of un-depository financial institutions with depository financial institutions.

* "居民储蓄存款"更名为"储蓄存款"。

* "Household Savings Deposits" is renamed as "Savings Deposits".

注 3：自 2018 年 7 月起，人民银行完善社会融资规模统计方法，将"存款类金融机构资产支持证券"和"贷款核销"纳入社会融资规模统计。自 2018 年 9 月起，人民银行将"地方政府专项债券"纳入社会融资规模统计。2017 年 1 月以来为新口径调整数据。

Note 3: Since July 2018, the PBC has improved the statistical method of AFRE, and has incorporated "Asset-backed Securities of Depository Financial Institutions" and "Loans Written off" into AFRE. Since September 2018, the PBC has incorporated "Local Government Special Bonds" into AFRE. New caliber data are adjustmented from January 2017.

2.2 主要金融指标（消除季节因素）
Major Financial Indicators (Seasonally Adjusted)

单位：亿元
Unit:100 Million Yuan

	M2	M1	M0	金融机构各项存款 Total Deposits by All Financial Institutions	储蓄存款 * Savings Deposits*	金融机构各项贷款 ** Total Loans by All Financial Institutions**
2011	855327.4	282329.8	49234.1	822804.1	346392.0	573327.2
2012	974547.8	297717.4	53596.6	924390.6	404985.3	654075.0
2013	1108443	326484	57585	1055003	451765	742747
2014	1231646	335230	60101	1149996	492945	841866
2015	1401059	387380	63096	1372276	532681	946431
2016.01	1412618	399754	62808	1385174	536222	962247
2016.02	1425636	406701	63573	1398641	536029	971881
2016.03	1437622	411093	64273	1407457	537897	982080
2016.04	1443397	419836	64397	1418840	542441	989408
2016.05	1458011	428450	64987	1430686	546748	1000412
2016.06	1472266	437820	65969	1443166	547707	1009981
2016.07	1487540	446388	66174	1457929	555311	1018947
2016.08	1505085	454096	66427	1473752	562243	1028582
2016.09	1519233	460606	66168	1486417	563729	1040001
2016.10	1535690	465438	67169	1501667	570602	1050924
2016.11	1547960	470207	67510	1511714	577669	1061984
2016.12	1557929	472141	67769	1520677	573783	1072919
2017.01	1575406	468863	75874	1543169	591026	1085834
2017.02	1585054	487322	66873	1547418	583391	1096415
2017.03	1589598	486160	65365	1554097	585514	1103454
2017.04	1596623	498381	69022	1562537	586912	1118073
2017.05	1595916	500831	69874	1560956	591885	1129165
2017.06	1610591	503330	69975	1577324	592610	1139714
2017.07	1623660	512494	70090	1590990	593339	1151903
2017.08	1639242	517719	70311	1606603	596006	1165315
2017.09	1656244	522936	70873	1620670	598387	1176067
2017.10	1671263	525359	70963	1638294	600119	1188856
2017.11	1687374	530198	70997	1653000	601688	1203718
2017.12	1688864	530623	70759	1661762	602648	1210909
2018.01	1699713	536030	66273	1681486	599186	1225160
2018.02	1714853	528504	74532	1688945	610160	1236312
2018.03	1718695	528494	71641	1691797	602890	1247066
2018.04	1726605	533156	72038	1698949	605869	1259271
2018.05	1729086	533544	72037	1703208	608118	1273143
2018.06	1738695	536614	72285	1711411	610246	1285112
2018.07	1754858	538923	72946	1727847	613122	1303308
2018.08	1762573	537450	72998	1738360	615170	1316614
2018.09	1779392	542714	72883	1760205	620534	1330351
2018.10	1806646	537054	73380	1765267	629446	1346136
2018.11	1825597	536017	72939	1777230	633886	1360952
2018.12	1836845	535700	73304	1790188	636585	1386643

* “居民储蓄存款”更名为“储蓄存款”。

* “Household Savings Deposits” is renamed as “Savings Deposits”.

** 各项贷款按可比口径数据计算，包含 2001—2008 年剥离出去的不良贷款数据。

** Total loans are calculated on the basis of comparable basis, which include the non-performing loans separated from financial institutions from 2001 to 2008.

2.3 1 社会融资规模增量统计表
Aggregate Financing to the Real Economy (Flow)

单位：亿元
Unit: 100 Million Yuan

	社会融资规模增量 AFRE (Flow)	其中 Of Which						
		人民币贷款 RMB Loans	外币贷款（折合人民币）Foreign Currency-denominated Loans (RMB equivalent)	委托贷款 Entrusted Loans	信托贷款 Trust Loans	未贴现的银行承兑汇票 Undiscounted Bankers' Acceptances	企业债券 Net Financing of Corporate Bonds	非金融企业境内股票融资 Equity Financing on the Domestic Stock Market by Non-financial Enterprises
2008.01	10859	8058	1235	564	-19	219	75	615
2008.02	4731	2434	1532	93	22	-297	316	557
2008.03	6391	2834	733	82	242	1582	427	367
2008.04	7076	4690	149	537	660	279	333	317
2008.05	5678	3185	209	423	261	1110	2	365
2008.06	5976	3324	97	447	95	1713	0	185
2008.07	4890	3818	-43	373	594	-723	572	188
2008.08	4575	2715	-204	326	323	648	352	290
2008.09	5659	3745	-171	648	445	206	616	50
2008.10	1288	1819	-742	158	451	-1469	948	7
2008.11	4517	4775	-534	355	-143	-717	573	69
2008.12	8164	7645	-314	255	214	-1486	1309	315
2009.01	13990	16177	-582	262	-346	-2232	507	14
2009.02	11131	10715	-288	347	38	-305	447	48
2009.03	22011	18920	291	407	-137	972	1240	119
2009.04	5452	5918	478	339	75	-3247	1557	137
2009.05	14959	6669	1054	619	292	5035	876	238
2009.06	21067	15304	2542	678	297	613	1238	190
2009.07	7388	3691	752	502	572	295	587	788
2009.08	7650	4104	1315	776	482	-103	634	234
2009.09	11871	5167	1208	1125	869	1310	1678	299
2009.10	5985	2530	1112	708	218	217	723	302
2009.11	9501	2948	1131	670	1294	1178	1909	168
2009.12	8100	3800	252	347	710	874	973	815
2010.01	20550	13934	641	857	265	3449	664	519
2010.02	10877	6999	663	96	496	1425	688	366
2010.03	13830	5107	662	567	1377	4208	1324	365
2010.04	14919	7740	349	635	2039	2309	1192	432
2010.05	10805	6493	-112	623	762	1213	1356	253
2010.06	10196	6027	-18	421	1077	1105	872	468
2010.07	7202	5327	-378	706	231	900	-69	262
2010.08	10646	5446	166	521	-761	3381	1208	419
2010.09	11224	6004	918	626	-713	1679	1883	543
2010.10	8608	5877	346	1027	-297	306	629	483
2010.11	10554	5689	526	1121	-324	1796	719	722
2010.12	10780	4807	1090	1549	-288	1576	594	954
2011.01	17560	10263	862	1272	-98	3157	1012	731
2011.02	6468	5377	347	419	141	-1176	877	270
2011.03	18212	6794	572	1513	47	5631	2682	557
2011.04	13673	7430	492	1407	501	2332	761	448
2011.05	10854	5516	842	1216	180	1695	721	351
2011.06	10873	6339	245	1202	141	1630	536	320
2011.07	5393	4916	9	1232	-28	-1726	422	252
2011.08	10741	5484	376	1409	176	1652	898	350
2011.09	4279	4693	1025	1008	-223	-3361	520	236
2011.10	7908	5868	415	518	90	-1186	1639	244
2011.11	9581	5629	49	595	716	-227	2077	268
2011.12	12744	6406	478	1173	389	1851	1514	350

2.3 1 社会融资规模增量统计表
Aggregate Financing to the Real Economy (Flow)

单位：亿元
Unit: 100 Million Yuan

	社会融资规模增量 AFRE (Flow)	其中 Of Which						
		人民币贷款 RMB Loans	外币贷款（折合人民币） Foreign Currency-denominated Loans (RMB equivalent)	委托贷款 Entrusted Loans	信托贷款 Trust Loans	未贴现的银行承兑汇票 Undiscounted Bankers' Acceptances	企业债券 Net Financing of Corporate Bonds	非金融企业境内股票融资 Equity Financing on the Domestic Stock Market by Non-financial Enterprises
2012.01	9754	7381	-148	1646	247	-214	442	81
2012.02	10431	7107	526	394	522	-284	1544	229
2012.03	18704	10114	950	770	1018	2821	1974	565
2012.04	9637	6818	96	1015	37	279	887	190
2012.05	11432	7932	302	215	557	380	1441	184
2012.06	17802	9198	1040	789	988	3113	1982	246
2012.07	10522	5401	70	1279	384	218	2486	316
2012.08	12475	7039	743	1046	1238	-846	2579	208
2012.09	16462	6226	1764	1449	2012	2155	2278	158
2012.10	12906	5054	1290	941	1444	729	2992	88
2012.11	11225	5220	1045	1218	1802	-489	1820	107
2012.12	16282	4546	1486	2079	2598	2637	2126	135
2013.01	25446	10721	1795	2061	2108	5798	2248	244
2013.02	10705	6200	1149	1426	1825	-1823	1454	165
2013.03	25503	10625	1509	1748	4312	2731	3870	208
2013.04	17629	7923	847	1926	1942	2218	2039	274
2013.05	11871	6694	357	1967	971	-1141	2230	231
2013.06	10375	8628	133	1990	1208	-2615	323	126
2013.07	8191	6997	-1157	1927	1151	-1777	476	128
2013.08	15841	7128	-360	2938	1209	3049	1240	136
2013.09	14120	7870	891	2218	1130	-79	1443	113
2013.10	8645	5060	53	1834	431	-345	1078	78
2013.11	12310	6246	122	2704	1006	60	1424	147
2013.12	12532	4824	509	2727	1111	1679	287	369
2014.01	25902	13176	1500	3971	1059	4902	375	454
2014.02	8924	6434	1128	540	747	-1419	1026	169
2014.03	20194	10202	1201	2130	1071	2252	2464	352
2014.04	14992	7734	69	1365	398	789	3664	582
2014.05	13583	8791	-342	1655	125	-94	2797	162
2014.06	18957	10780	131	2139	1200	1445	2626	154
2014.07	1861	3754	-511	783	-158	-4157	1435	332
2014.08	9547	7003	-109	1651	-515	-1116	1934	217
2014.09	10883	8573	-684	1314	-326	-1410	2338	612
2014.10	6537	5521	-689	1043	-215	-2411	2590	279
2014.11	11270	8543	-281	1319	-314	-668	1807	379
2014.12	15674	6940	-179	3831	2102	688	836	658
2015.01	20516	14708	212	832	52	1946	1868	526
2015.02	13609	11437	-146	1299	38	-592	716	542
2015.03	12433	9920	-4	1111	-77	-910	1344	639
2015.04	10582	8045	-265	344	-46	-74	1616	597
2015.05	12397	8510	81	324	-195	961	1710	584
2015.06	18384	13240	560	1414	536	-1028	2132	1051
2015.07	7511	5890	-133	1137	99	-3317	2832	615
2015.08	11097	7756	-620	1198	317	-1577	3121	479
2015.09	13571	10417	-2344	2422	-159	-1279	3805	349
2015.10	5593	5574	-1317	1390	-201	-3697	3331	121
2015.11	10255	8873	-1142	910	-301	-2545	3378	568
2015.12	18114	8323	-1308	3530	370	1546	3535	1518

2.3 1 社会融资规模增量统计表

Aggregate Financing to the Real Economy (Flow)

单位：亿元

Unit: 100 Million Yuan

	社会融资规模增量 AFRE (Flow)	其中 Of Which							
		人民币贷款 RMB Loans	外币贷款（折合人民币） Foreign Currency-denominated Loans (RMB equivalent)	委托贷款 Entrusted Loans	信托贷款 Trust Loans	未贴现的银行承兑汇票 Undiscounted Bankers' Acceptances	企业债券 Net Financing of Corporate Bonds	地方政府专项债券 Local Government Special Bonds	非金融企业境内股票融资 Equity Financing on the Domestic Stock Market by Non-financial Enterprises
2016.01	34758	25370	-1727	2175	552	1327	5083	—	1469
2016.02	8312	8105	-569	1650	308	-3705	1386	—	810
2016.03	23931	13176	6	1660	732	173	7081	—	562
2016.04	7809	5642	-706	1694	269	-2776	2366	—	951
2016.05	6770	9374	-524	1566	121	-5067	-250	—	1073
2016.06	16479	13141	-267	1721	809	-2720	2008	—	1158
2016.07	4791	4550	-401	1775	210	-5118	2208	—	1135
2016.08	14605	7969	70	1432	736	-376	3236	—	1075
2016.09	17115	12628	-487	1451	1057	-2230	2872	—	1368
2016.10	8865	6010	-335	725	530	-1801	2192	—	1125
2016.11	18328	8463	-310	1994	1625	1171	3859	—	861
2016.12	16397	9943	-389	4011	1643	1606	-2016	—	828
2017.01	37095	23133	126	3136	3175	6130	-510	0	1225
2017.02	11046	10317	368	1172	1062	-1719	-1125	0	570
2017.03	24001	11586	288	2039	3113	2390	129	1806	800
2017.04	15604	10806	-283	-48	1473	345	501	2019	769
2017.05	13136	11780	-99	-278	1812	-1245	-2488	1934	458
2017.06	21131	14474	73	-32	2481	-230	-169	1991	487
2017.07	14983	9152	-213	163	1232	-2037	2621	3326	536
2017.08	17514	11466	-332	-82	1143	242	1137	1924	653
2017.09	22451	11885	-232	775	2368	784	1654	2517	519
2017.10	12004	6635	-44	43	1019	12	1482	1315	601
2017.11	19139	11428	198	280	1434	15	853	2282	1324
2017.12	15865	5769	169	601	2245	676	337	849	817
2018.01	30793	26850	266	-714	455	1437	1222	0	500
2018.02	11894	10199	86	-750	660	106	644	108	379
2018.03	15848	11425	139	-1850	-357	-323	3536	662	404
2018.04	17761	10987	-26	-1481	-94	1454	4047	808	533
2018.05	9518	11396	-228	-1570	-904	-1741	-382	1012	438
2018.06	14877	16787	-364	-1642	-1623	-3649	1349	1019	258
2018.07	12254	12861	-773	-950	-1192	-2744	2195	1851	175
2018.08	19391	13140	-344	-1207	-688	-779	3402	4106	141
2018.09	21691	14341	-670	-1432	-909	-548	382	7389	272
2018.10	7420	7141	-800	-949	-1273	-453	1476	868	176
2018.11	15239	12302	-787	-1310	-467	-127	3127	-332	200
2018.12	15898	9281	-702	-2210	-509	1023	3757	362	130

注 1：社会融资规模增量是指一定时期内实体经济从金融体系获得的资金额。

Note 1: AFRE (flow) refers to the total volume of financing provided by the financial system to the real economy during a certain period of time.

注 2：社会融资规模中的本外币贷款是指一定时期内实体经济从金融体系获得的人民币和外币贷款，不包含银行业金融机构拆放给非银行业金融机构的款项和境外贷款。

Note 2: RBM loans and foreign currency loans in AFRE refer to those issued to the real economy by the financial system during a certain period of time, barring the funds lend to non-bank financial institutions by the banking financial institutions and external loans.

注 3：当期数据为初步统计数。

Note 3: Statistics for the current period are preliminary.

注 4：数据来源于中国人民银行、中国银行保险监督管理委员会、中国证券监督管理委员会、中央国债登记结算有限责任公司和中国银行间市场交易商协会等。

Note 4: Source of data: the PBC, CBIRC, CSRC, CCDC and NAFMII.

注 5：自 2018 年 7 月起，人民银行完善社会融资规模统计方法，将“存款类金融机构资产支持证券”和“贷款核销”纳入社会融资规模统计。自 2018 年 9 月起，人民银行将“地方政府专项债券”纳入社会融资规模统计。2017 年 1 月以来为新口径调整数据。本表的“地方政府专项债券”按照债权债务在托管机构登记日统计。

Note 5: Since July 2018, the PBC has improved the statistical method of AFRE, and has incorporated "Asset-backed Securities of Depository Financial Institutions" and "Loans Written off" into AFRE. Since September 2018, the PBC has incorporated "Local Government Special Bonds" into AFRE. New caliber data are adjustmented from January 2017. "Local Government Special Bonds" in the table is recorded when claims and obligations are registered at depositories.

2.3 2 2018 年地区社会融资规模增量统计表

Aggregate Financing to the Real Economy (flow) by Province(2018)

单位：亿元
Unit:100 Million Yuan

		地区社会融资规模增量 AFRE (Flow) by Province	其中 Of Which							
			人民币贷款 RMB Loans	外币贷款（折合人民币） Foreign Currency-denominated Loans (RMB equivalent)	委托贷款 Entrusted Loans	信托贷款 Trust Loans	未贴现银行承兑汇票 Undiscounted Bankers' Acceptances	企业债券 Net Financing of Corporate Bonds	地方政府专项债券 Local Government Special Bonds	非金融企业境内股票融资 Equity Financing on the Domestic Stock Market by Non-financial Enterprises
北京	Beijing	17784	7573	-330	-1784	-334	-503	7006	207	387
天津	Tianjin	3075	2408	-104	-929	-192	66	704	791	11
河北	Hebei	6160	4815	-54	-118	-145	-609	560	876	78
山西	Shanxi	3239	2588	73	-333	-36	-185	527	246	8
内蒙古	Inner Mongolia	1627	602	-16	129	138	332	-102	199	1
辽宁	Liaoning	3796	3840	-225	-1476	-50	1086	-411	271	125
吉林	Jilin	1510	992	-16	-175	-55	-82	183	276	17
黑龙江	Heilongjiang	1218	837	-69	9	215	-241	-71	292	5
上海	Shanghai	5765	6181	-782	-1296	-1074	-225	1716	275	186
江苏	Jiangsu	17699	13574	-51	-1890	-457	1065	2382	1580	472
浙江	Zhejiang	19499	15490	-95	-364	167	7	1544	939	384
安徽	Anhui	5382	4320	-104	-701	-255	-205	448	1310	47
福建	Fujian	5620	4631	-199	-613	-1090	-135	992	669	133
江西	Jiangxi	5792	4593	3	25	-158	-302	659	542	45
山东	Shandong	9225	7251	-404	-887	-380	-1074	1401	1409	191
河南	Henan	7794	6088	70	-445	162	-52	480	600	31
湖北	Hubei	6605	6111	30	-626	-71	-787	551	703	124
湖南	Hunan	6024	4655	-77	40	42	-289	347	800	66
广东	Guangdong	22502	20054	-1651	-1876	-788	-563	3174	1282	979
广西	Guangxi	4172	3331	-9	-188	0	-17	161	553	37
海南	Hainan	389	499	-255	-75	0	-7	-77	216	18
重庆	Chongqing	5000	3490	214	-242	426	-384	250	641	36
四川	Sichuan	8087	5947	-45	-840	159	16	803	799	83
贵州	Guizhou	4168	3847	-3	-279	-372	42	-9	669	18
云南	Yunnan	3433	2647	-53	-165	-38	-339	346	495	17
西藏	Tibet	542	514	-2	29	-35	-79	41	13	34
陕西	Shaanxi	3599	3815	-45	-454	-533	-593	560	477	22
甘肃	Gansu	2347	1682	-47	-138	736	-310	-67	229	1
青海	Qinghai	126	353	-2	-14	27	-198	-168	41	0
宁夏	Ningxia	529	475	17	-7	0	-195	26	90	0
新疆	Xinjiang	836	1337	-13	-393	-512	-150	-61	361	50

注 1：地区社会融资规模增量是指一定时期内、一定区域内实体经济从金融体系获得的资金总额。

Note 1: Aggregate Financing to the Real Economy(AFRE, flow) by province refers to the total volume of financing provided by the financial system to the real economy during a certain period of time in each province.

注 2：表中数据为初步统计数。

Note 2: The statistics are preliminary.

注 3：数据来源于中国人民银行、中国银行保险监督管理委员会、中国证券监督管理委员会、中央国债登记结算有限责任公司和中国银行间市场交易商协会等。

Note 3: Source of data: the PBC, CBIRC, CSRC, CCDC and NAFMII.

注 4：由金融机构总行（或总部）提供的社会融资规模为 9153 亿元。

Note4: AFRE provided by headquarters of financial institutions is 915.3 billion Yuan.

注 5：自 2018 年 7 月起，人民银行完善社会融资规模统计方法，将“存款类金融机构资产支持证券”和“贷款核销”纳入社会融资规模统计。自 2018 年 9 月起，人民银行将“地方政府专项债券”纳入社会融资规模统计。2017 年 1 月以来为新口径调整数据。本表的“地方政府专项债券”按照债权债务在托管机构登记日统计。

Note5: Since July 2018, the PBC has improved the statistical method of AFRE, and has incorporated “Asset-backed Securities of Depository Financial Institutions” and “Loans Written off” into AFRE. Since September 2018, the PBC has incorporated “Local Government Special Bonds” into AFRE. New caliber data are adjustmented from January 2017. “Local Government Special Bonds” in the table is recorded when claims and obligations are registered at depositories.

2.4 社会融资规模存量统计表
Aggregate Financing to the Real Economy (Stock)

单位：亿元，%
Unit:100 Million Yuan，%

	社会融资规模存量 AFRE (Stock)	社会融资规模存量同比增速 (Stock, growth rate)	其中 Of Which							
			人民币贷款 RMB Loans	外币贷款（折合人民币）Foreign Currency-Denominated Loans (RMB equivalent)	委托贷款 Entrusted Loans	信托贷款 Trust Loans	未贴现的银行承兑汇票 Undiscounted Bankers' Acceptances	企业债券 Net Financing of Corporate Bonds	地方政府专项债券 Local Government Special Bonds	非金融企业境内股票融资 Equity Financing on the Domestict Stock Market by Non-financial Enterprises
2002	148532	—	—	—	—	—	—	—	—	—
2003	181655	22.3	21.4	26.6	13.3	—	126.0	132.9	—	8.0
2004	204143	14.9	14.3	16.8	61.6	—	-8.0	4.0	—	8.5
2005	224265	13.5	13.3	11.0	11.8	—	0.7	129.1	—	4.2
2006	264500	18.1	16.3	9.0	20.0	—	44.9	68.7	—	12.5
2007	321326	21.5	16.4	21.9	29.9	84.0	138.4	41.0	—	45.8
2008	379765	20.5	18.7	5.1	29.1	84.3	9.2	78.7	—	17.7
2009	511835	34.8	31.3	55.5	35.8	63.4	36.5	86.2	—	18.3
2010	649869	27.0	19.9	15.9	44.2	34.4	135.5	42.3	—	30.9
2011	767791	18.3	16.1	13.1	21.2	13.5	25.6	36.2	—	17.7
2012	914675	19.1	15.0	27.2	17.1	75.0	21.0	44.4	—	8.6
2013	1075217	17.6	14.2	7.2	39.7	61.1	12.7	24.2	—	6.7
2014	1229386	14.3	13.6	4.1	29.2	10.8	-1.1	25.8	—	11.8
2015	1382824	12.5	13.9	-13.0	18.0	2.0	-14.8	25.1	—	20.2
2016	1560044	12.8	13.4	-12.9	19.8	15.8	-33.3	22.5	—	27.6
2017	1828692	13.4	13.2	-5.8	5.9	35.9	13.7	2.9	57.3	15.2
2018.01	1857716	12.7	13.2	-6.0	2.9	30.2	1.5	3.4	57.3	13.6
2018.02	1869244	12.7	13.1	-7.2	1.4	29.1	5.8	4.3	57.6	13.2
2018.03	1883713	11.9	12.9	-8.6	-1.4	22.9	-0.4	5.7	51.6	12.3
2018.04	1900219	11.9	12.8	-6.9	-2.4	20.2	2.0	7.1	45.8	11.8
2018.05	1909414	11.6	12.6	-5.9	-3.4	16.0	0.9	8.3	41.3	11.7
2018.06	1923668	11.1	12.7	-3.4	-4.6	10.1	-6.7	8.6	37.1	11.2
2018.07	1934604	10.8	12.9	-2.0	-5.4	6.8	-8.7	7.7	31.2	10.5
2018.08	1952411	10.8	12.9	-0.1	-6.2	4.4	-11.0	8.2	34.5	9.6
2018.09	1972661	10.6	13.0	-1.6	-7.7	0.2	-13.9	7.0	42.5	9.2
2018.10	1978891	10.2	13.0	-3.5	-8.4	-2.6	-15.0	6.6	40.5	8.4
2018.11	1992935	9.9	12.9	-7.3	-9.6	-4.9	-15.3	7.5	34.0	6.5
2018.12	2007470	9.8	13.2	-10.7	-11.5	-8.0	-14.3	9.2	32.6	5.4

注 1：社会融资规模存量是指一定时期末实体经济从金融体系获得的资金余额。

Note 1: AFRE (stock) refers to the outstanding of financing provided by the financial system to the real economy at the end of a period.

注 2：当期数据为初步统计数。

Note 2: Data for the current period are preliminary.

注 3：存量数据基于账面值或面值计算。

Note 3: Stock figures are based on book-value or face-value.

注 4：数据来源于中国人民银行、中国银行保险监督管理委员会、中国证券监督管理委员会、中央国债登记结算有限责任公司和中国银行间市场交易商协会等。

Note 4: Source of data: the PBC, CBIRC, CSRC, CCDC and NAFMII.

注 5：自 2018 年 7 月起，人民银行完善社会融资规模统计方法，将“存款类金融机构资产支持证券”和“贷款核销”纳入社会融资规模统计。自 2018 年 9 月起，人民银行将“地方政府专项债券”纳入社会融资规模统计。2017 年 1 月以来为新口径调整数据。本表的“地方政府专项债券”按照债权债务在托管机构登记日统计。

Note 5: Since July 2018, the PBC has improved the statistical method of AFRE, and has incorporated “Asset-backed Securities of Depository Financial Institutions” and “Loans Written off” into AFRE. Since September 2018, the PBC has incorporated “Local Government Special Bonds” into AFRE. New caliber data are adjustmented from January 2017. “Local Government Special Bonds” in the table is recorded when claims and obligations are registered at depositories.

2.5 1 金融机构信贷收支表（人民币）
Sources and Uses of Credit Funds of Financial Institutions (RMB)

单位：亿元
Unit:100 Million Yuan

	资金来源总计 Total Funds Sources	各项存款 Total Deposits	非金融企业存款 Deposits of Non-financial Enterprises	财政存款 Fiscal Deposits	住户存款 Deposits of Households	活期及临时性存款 Demand & Temporary Deposits	定期及其他存款* Time & Other Deposits*	其他类存款** Other Deposits**	金融债券 Financial Bonds	流通中现金 Currency in Circulation	对国际金融机构负债 Liabilities to International Financial Institutions	其他 Other Items
2008	538405.6	466203.3	157632.2	18040.0	217885.4	78585.2	139300.2	72645.7	20852.5	34219.0	732.6	16398.2
2009	681874.8	597741.1	217110.0	22411.5	260771.7	100541.3	160230.4	97447.8	16203.4	38246.0	761.7	28922.6
2010	805879.1	718237.9	244495.6	25455.0	303302.5	124888.6	178413.9	144984.8	13526.9	44628.2	720.1	28766.0
2011.03	828977.4	752838.4	281727.1	29981.6	327629.2	130028.6	197600.5	113500.5	6042.6	44845.2	774.2	24477.0
2011.06	851311.8	786432.6	294263.3	36271.4	333678.6	132640.3	201038.2	122219.3	7597.4	44477.8	795.1	12008.9
2011.09	878645.1	794100.4	290918.5	38160.1	337212.3	130681.8	206530.5	127809.5	7393.6	47145.3	797.3	29208.5
2011.12	900401.6	809368.3	303504.3	26223.1	348045.6	137576.2	210469.4	131595.4	10638.8	50748.5	776.5	29469.5
2012.03	931667.6	846931.7	299252.9	26886.6	380498.1	145083.5	235414.6	140294.1	9016.7	49595.7	765.5	25358.0
2012.06	958431.0	883068.7	311166.7	31522.0	391186.0	148865.3	242320.7	149194.0	7220.7	49284.6	780.4	18076.6
2012.09	983508.1	899647.1	313959.7	32503.8	398069.7	150832.9	247236.8	155113.9	7695.3	53433.5	793.6	21938.6
2012.12	1002434.4	917554.8	327393.7	24426.4	406191.6	158271.8	247919.8	159543.1	8487.6	54659.8	827.7	20904.5
2013.03	1046828	979301	342606	25316	443408	173557	269851	167971	5508	55461	794	5764
2013.06	1076338	1009122	349741	33953	447772	169140	278632	177656	4375	54064	806	7971
2013.09	1105735	1030892	350387	38965	456348	171759	284589	185192	5728	56493	846	11772
2013.12	1132914	1043847	361555	30133	461370	178050	283320	190789	6681	58574	854	22958
2014.03	1221581	1091022	531168	31063	494023	189049	304974	204142	9349	58329	880	12465
2014.06	1204845	1136075	383718	36674	501628	187221	314407	214055	10049	56951	894	876
2014.09	1229317	1126570	369510	41305	497860	179302	318558	217895	10570	58845	880	32452
2014.12	1258000	1138645	378334	35665	502504	182705	319799	222142	9843	60260	867	48385

注 1：对金融机构信贷收支表的说明详见第 96 页。

Note 1: Notes to the sheet of the Sources and Uses of Credit Funds of Financial Institutions can be read on page 96.

注 2：自 2011 年一季度起，部分指标名称和统计口径变动。以前年度数据未作调整。（1）"企业定活期存款"更名为"非金融企业存款"。（2）"储蓄存款"更名为"住户存款"。（3）"活期储蓄"更名为"活期及临时性存款"。（4）"定期储蓄"更名为"定期及其他存款"。

Note 2: As of 2011 Q1, changes have taken place in the name and statistical coverage for certain indicators. Historical data for previous periods are not adjusted accordingly.(1) "Demand & Time Deposits of Enterprises" is renamed as "Deposits of Non-financial Enterprises". (2) "Savings Deposits" is renamed as "Deposits of Households". (3) "Demand Deposits" under the category of saving deposits is renamed as "Demand & Temporary Deposits". (4) "Time Deposits" under the category of savings deposits is renamed as "Time & Other Deposits".

* 定期及其他存款包括定期存款、通知存款、定活两便存款、协议存款、协定存款、保证金存款、结构性存款。

* Time & other deposits cover the components of time deposits, notice deposits, savings & time optional deposits, agreed-term deposits, corporate agreement savings deposits, margin deposits and structure deposits.

** 其他类存款包括各项存款中除非金融企业存款、财政存款、住户存款之外的所有存款。

** Other deposits cover all the other deposits under total deposits excluding deposits of non-financial enterprises, fiscal deposits and deposits of households.

2.5 2 金融机构信贷收支表（人民币）
Sources and Uses of Credit Funds of Financial Institutions (RMB)

单位：亿元
Unit:100 Million Yuan

	资金运用总计 Total Funds Uses	各项贷款 Total Loans				有价证券及投资 Portfolio Investment	黄金占款 ** Position for Gold Purchase**	外汇占款 ** Position for Foreign Exchange Purchase**	财政借款 Fiscal Debts	国际金融机构资产 Assets with International Financial Institutions
			境内短期贷款 Domestic Short-term Loans	境内中长期贷款 Domestic Medium- and Long-term Loans	其他类贷款 * Other Loans*					
2008	538405.6	303394.6	125181.7	154999.8	23213.2	65301.9	337.2	168431.1		940.7
2009	681874.8	399684.8	146611.3	222418.8	30654.7	86643.2	669.8	193112.5		1764.5
2010	805879.1	479195.6	166233.4	288930.4	24031.8	98526.1	669.8	225795.1		1692.5
2011.03	828977.4	494740.7	174954.9	302720.9	17064.9	94682.7	669.8	237036.0		1848.2
2011.06	851311.8	514025.4	184264.6	311026.9	18733.9	88091.4	669.8	246680.6		1844.6
2011.09	878645.1	529118.3	191783.3	316972.4	20362.6	91968.6	669.8	255118.2		1770.2
2011.12	900401.6	547946.7	203132.6	323806.5	21007.6	96479.4	669.8	253587.0		1718.7
2012.03	931667.6	572474.8	215703.9	332492.4	24278.5	100323.2	669.8	256493.9		1705.9
2012.06	958431.0	596422.6	226373.8	339859.8	30189.0	103046.9	669.8	256613.4		1678.4
2012.09	983508.1	615089.5	235942.5	347726.9	31420.1	108368.1	669.8	257707.6		1673.1
2012.12	1002434.4	629909.6	248272.8	352907.4	28729.4	111680.9	669.8	258533.5		1640.6
2013.03	1046828	657592	259872	367239	30481	116271	670	270687		1608
2013.06	1076338	680837	269169	378833	32835	119373	670	273887		1571
2013.09	1105753	702832	280495	391820	30517	125480	670	275179		1592
2013.12	1132914	718961	290238	398862	29861	125399	670	286304		1580
2014.03	1172045	749090	302593	416371	30126	126834	670	293852		1599
2014.06	1204845	776337	310624	431646	34067	131723	670	294513		1602
2014.09	1229317	795786	311674	444289	39823	136712	670	294592		1557
2014.12	1258000	816770	314796	459482	42492	144954	670	294090		1516

* 其他类贷款包括各项贷款中除境内短期贷款和境内中长期贷款之外的所有贷款。

* Other loans include all the loans except domestic short-term loans, domestic medium- and long-term loans.

** 中国人民银行 2001 年 12 月、2002 年 12 月对“金银占款”进行了两次调整，自 2002 年一季度起对“外汇占款”进行了调整。自 2009 年 6 月起，本表“金银占款”更名为“黄金占款”。

** Adjustments were made on “Position for Gold and Silver Purchase” by the PBC in December 2001 and December 2002. Adjustments have also been made on “Position for Foreign Exchange Purchased” since 2002 Q1. “Position for Gold and Silver Purchase” has been renamed as “Position for Gold Purchase” since June 2009.

2.5 3 金融机构信贷收支表（人民币）
Sources and Uses of Credit Funds of Financial Institutions (RMB)

单位：亿元
Unit:100 Million Yuan

	资金来源合计 Total Funds Sources	各项存款 Total Deposits	境内存款 Domestic Deposits	住户存款 Deposits of Households	活期存款 Demand Deposits	定期及其他存款 Time & Other Deposits	非金融企业存款 Deposits of Non-financial Enterprises	活期存款 Demand Deposits	定期及其他存款 Time & Other Deposits	政府存款 Deposits of Government	非银行业金融机构 Deposits of Non-banking Financial Institutions	境外存款 Overseas Deposits	金融债券 Financial Bonds	流通中货币 Currency in Circulation	其他 Other Items
2014.03	1277171	1134571	1118049	494023	189049	304974	361793	134251	227542	200459	61774	16522	9349	58329	74922
2014.06	1328807	1191306	1174482	501628	187221	314407	383717	141436	242281	214796	74341	16824	10049	56951	70501
2014.09	1346639	1187288	1169198	497860	179302	318558	369509	129490	240019	224609	77220	18090	10570	58845	89936
2014.12	1378334	1206922	1188257	502504	182705	319799	378333	143310	235023	221794	85626	18665	9843	60260	101309
2015.03	1434519	1248866	1232919	538399	189934	348465	373435	132701	240734	224339	96746	15947	11612	61950	112091
2015.06	1499209	1318292	1301334	532829	187645	345184	398245	144245	254000	241883	128377	16958	8836	58604	113477
2015.09	1534889	1337338	1323229	541749	194150	347599	404797	147153	257643	250356	126327	14109	9768	61023	126760
2015.12	1586049	1357022	1345783	546078	202869	343209	430247	174586	255661	241832	127625	11239	10062	63217	155749
2016.03	1604474	1411183	1400021	580800	217001	363799	445248	175269	269980	249960	124012	11162	17762	64651	110878
2016.06	1673236	1462397	1450753	581521	216945	364576	465346	191138	274208	271954	131932	11644	25335	62819	122685
2016.09	1722228	1485214	1474865	592909	225331	367578	480303	192839	287464	277665	123988	10350	28660	65069	143285
2016.12	1759952	1505864	1497169	597751	231630	366121	502178	215107	287072	270379	126860	8695	31579	68304	154206
2017.03	1810979	1556487	1547169	637409	241907	395502	503768	212132	291636	277556	128436	9318	38147	68605	147741
2017.06	1852410	1596636	1585978	637138	242055	395083	515971	222012	293960	295245	137624	10657	40007	66978	148790
2017.09	1898731	1622758	1612133	642591	246818	395772	521823	219597	302226	308039	139681	10624	43235	69749	162990
2017.12	1931934	1641044	1630577	643768	248239	395529	542405	237888	304517	304853	139552	10467	48000	70646	172245
2018.03	1982829	1691816	1681636	686804	258521	428283	529321	219818	309503	310348	155163	10180	53003	72693	165317
2018.06	2024395	1731176	1720273	686695	255578	431117	544362	230035	314327	326867	162348	10903	55887	69589	167743
2018.09	2075626	1761267	1749826	700518	258601	441917	547417	220860	326557	342685	159206	11441	60255	71254	182850
2018.12	2109164	1775226	1764398	716038	267215	448824	562976	236190	326786	325585	159798	10828	65433	73208	195297

注 1：本表机构包括中国人民银行、银行业存款类金融机构、银行业非存款类金融机构。

Note 1: Financial institutions in this table include the PBC, banking depository financial institutions and banking non-depository financial institutions.

注 2：银行业存款类金融机构包括银行、信用社和财务公司。银行业非存款类金融机构包括信托投资公司、金融租赁公司、汽车金融公司和贷款公司等。

Note 2: Banking depository financial institutions include banks, credit cooperatives and finance companies. Banking non-depository financial institutions include financial trust and investment corporations, financial leasing companies, auto-financing companies, as well as loan companies.

注 3：自 2015 年起，各项存款含非银行业金融机构存放款项，各项贷款含拆放给非银行业金融机构款项。

Note 3: Since 2015, deposits of non-banking financial institutions have been covered in total deposits and loans to non-banking financial institutions are covered in total loans.

注 4：本表 2014 年数据，按 2015 年统计口径调整。

Note 4: Historical data for 2014 are adjusted, according to the changes of the statistical coverage as of 2015.

2.5 4 金融机构信贷收支表（人民币）
Sources and Uses of Credit Funds of Financial Institutions (RMB)

单位：亿元
Unit:100 Million Yuan

	资金运用总计 Total Funds Uses	各项贷款 Total Loans	境内贷款 Domestic Loans	住户贷款 Loans to Households	非金融企业及机关团体贷款 Loans to Non-financial Enterprises and Government Departments & Organizations	非银行业金融机构贷款 Loans to Non-banking Financial Institutions	境外贷款 Overseas Loans	债券投资 Portfolio Investments	股权及其他投资 Shares and Other Investments	黄金占款 Position for Bullion Purchase	外汇买卖 Position for Forex Purchase	其他资产 Other Assets
2014.03	1277171	753655	751688	207795	539337	4556	1967	126834	51802	670	293852	50358
2014.06	1328807	783181	781198	217290	557095	6813	1983	131723	56855	670	294513	61865
2014.09	1346639	798506	796478	225062	568717	2699	2028	136716	58324	670	294592	57831
2014.12	1378334	822031	819850	231410	583322	5118	2181	144954	67503	670	294090	49086
2015.03	1434519	859069	856785	240385	610996	5404	2284	150172	83278	670	291865	49465
2015.06	1499209	887947	885445	251030	630088	4327	2502	163373	107246	2059	291574	47011
2015.09	1534889	921337	917947	261515	643631	12801	3391	179326	112720	2172	274232	45102
2015.12	1586049	939540	936387	270214	657633	8539	3153	197636	134326	2293	265859	46395
2016.03	1604474	985613	982366	282755	691731	7880	3247	200143	174485	2417	238366	3451
2016.06	1673236	1014859	1011385	299767	702833	8785	3474	224182	191888	2488	236308	3510
2016.09	1722228	1041138	1037376	317526	710199	9652	3761	238372	207563	2530	229109	3515
2016.12	1759952	1066040	1061667	333615	718521	9532	4373	247604	220820	2542	219425	3521
2017.03	1810979	1108256	1103898	352174	744996	6729	4358	251996	230536	2542	216210	1441
2017.06	1852410	1145721	1141256	371453	762748	7055	4465	265485	222083	2542	215153	1427
2017.09	1898731	1177617	1173283	391026	775678	6579	4335	281209	220870	2541	215107	1386
2017.12	1931934	1201321	1196900	405045	785496	6359	4421	294382	217589	2541	214788	1313
2018.03	1982829	1249814	1245104	422733	816154	6217	4710	290080	224151	2541	214952	1290
2018.06	2024395	1291534	1286781	441217	836871	8692	4753	303205	210536	2541	215194	1386
2018.09	2075626	1332663	1327637	462053	856352	9232	5025	325869	199035	2541	214084	1433
2018.12	2109164	1362967	1357891	478843	868289	10760	5075	333467	196190	2570	212557	1414

2.6 1 存款性公司概览（资产）
Depository Corporations Survey (Assets)

单位：亿元
Unit: 100 Million Yuan

	国外净资产 Net Foreign Assets	国内信贷 Domestic Credit	对政府债权（净） Claims on Government (Net)
2011	251644.5	687971.6	42363.9
2012	258850.9	805593.8	50683.7
2013.03	269482	846427	48555
2013.06	272682	867998	41570
2013.09	272740	899230	41580
2013.12	280986	927007	49044
2014.03	284032	972329	48407
2014.06	289009	1016864	46666
2014.09	288866	1032886	47087
2014.12	288390	1076962	55047
2015.03	294637	1136552	56176
2015.06	294660	1199812	61493
2015.09	287168	1255732	74882
2015.12	280639	1332693	98297
2016.03	271903	1425207	105297
2016.06	270808	1496112	128868
2016.09	268411	1544356	146868
2016.12	263948	1600067	162352
2017.03	260793	1650629	166269
2017.06	255508	1701411	176481
2017.09	254785	1740947	190194
2017.12	253287	1780278	204892
2018.03	255448	1841753	214981
2018.06	257147	1873240	220423
2018.09	256694	1927674	238970
2018.12	255736	1965451	251378

注：自 2005 年起，将货币当局资产负债表和其他存款性公司资产负债表合并，编制存款性公司概览。2005 年之前，原银行概览可以替代存款性公司概览。

Note: Since 2005, the balance sheet of monetary authority and that of other depository corporations have been consolidated to compile the depository corporations survey. To keep comparability, the original banking survey could be used as the substitution for depository corporation survey before 2005.

2.6 1 存款性公司概览（资产）
Depository Corporations Survey (Assets)

单位：亿元
Unit: 100 Million Yuan

	对非金融部门债权 Claims on Non-financial Corporations	对其他金融部门债权 Claims on Other Financial Corporations
2011	600634.5	44973.2
2012	694351.5	60558.5
2013.03	729509	68363
2013.06	753847	72581
2013.09	780423	77227
2013.12	796464	81500
2014.03	831078	92845
2014.06	858228	111971
2014.09	878407	107392
2014.12	902513	119402
2015.03	943331	137045
2015.06	978254	160065
2015.09	1011362	169488
2015.12	1051160	183236
2016.03	1089233	230676
2016.06	1118050	249194
2016.09	1139688	257801
2016.12	1166093	271623
2017.03	1200190	284170
2017.06	1234070	290859
2017.09	1265935	284818
2017.12	1288783	286603
2018.03	1338831	287941
2018.06	1373058	279760
2018.09	1423655	265050
2018.12	1450737	263336

2.6 2 存款性公司概览（负债）
Depository Corporations Survey (Liabilities)

单位：亿元
Unit: 100 Million Yuan

	货币和准货币 Money and Quasi-money	货币 Money	流通中现金 Currency in Circulation	活期存款 Demand Deposits	准货币 Quasi-money	定期存款 Time Deposits	储蓄存款 Savings Deposits	其他存款 Other Deposits
2011	851590.9	289847.7	50748.5	239099.2	561743.2	166616.0	352797.5	42329.7
2012	974148.8	308664.2	54659.8	254004.5	665484.6	195940.1	411362.6	58181.9
2013.03	1035858	310898	55461	255438	724960	215733	449007	60220
2013.06	1054404	313500	54064	259436	740904	228029	453411	59464
2013.09	1077379	312330	56493	255838	765049	239080	461958	64010
2013.12	1106525	337291	58574	278717	769234	232697	467031	69506
2014.03	1160687	327684	58329	269354	833004	250779	500399	81825
2014.06	1209587	341487	56951	284536	868100	265644	508025	94431
2014.09	1202051	327220	58845	268375	874831	272197	504262	98372
2014.12	1228375	348056	60260	287797	880318	264056	508878	107385
2015.03	1275333	337211	61950	275261	938122	275189	544694	118239
2015.06	1333375	356083	58604	297479	977293	289329	539127	148836
2015.09	1359824	364417	61023	303394	995407	298571	547874	148962
2015.12	1392278	400953	63217	337737	991325	288241	552073	151011
2016.03	1446198	411581	64651	346930	1034617	300623	586856	147138
2016.06	1490492	443644	62819	380825	1046848	301674	587549	157625
2016.09	1516361	454340	65069	389272	1062020	315077	598881	148063
2016.12	1550067	486557	68304	418253	1063509	307990	603504	152016
2017.03	1599610	488770	68605	420165	1110839	317183	643278	150378
2017.06	1631283	510228	66978	443250	1121054	317003	642932	161119
2017.09	1655662	517863	69749	448114	1137799	326614	648350	162835
2017.12	1676769	543790	70646	473145	1132978	320196	649341	163441
2018.03	1739859	523540	72693	450847	1216319	332606	692564	191150
2018.06	1770178	543945	69589	474355	1226234	334425	692441	199368
2018.09	1801666	538574	71254	467320	1263091	349827	706256	207008
2018.12	1826744	551686	73208	478478	1275058	340179	721689	213191

注：自 2001 年 6 月起，将证券公司存放在金融机构的客户保证金计入货币和准货币，包含在其他存款（净）项内。

Note: Since June 2001, the margin account of securities companies maintained with financial institutions, as part of other items (net), has been included in money and quasi-money.

2.6 2 存款性公司概览（负债）
Depository Corporations Survey (Liabilities)

单位：亿元
Unit: 100 Million Yuan

	不纳入广义货币的存款 Deposits Excluded from Broad Money	债券 Bonds	实收资本 Paid-in Capital	其他（净） Other Items (Net)
2011	16809.1	75409.7	28861.8	-33055.3
2012	24454.1	92318.3	30945.0	-57421.5
2013.03	26890	95986	30772	-73598
2013.06	26581	99130	31216	-70650
2013.09	26844	101362	31872	-65487
2013.12	25940	103672	32766	-60910
2014.03	28640	108254	33107	-74327
2014.06	32792	113378	33666	-83550
2014.09	33008	118474	34121	-65903
2014.12	31136	123119	36630	-53908
2015.03	36495	129897	37931	-48466
2015.06	34231	139065	39132	-51331
2015.09	36665	147649	40956	-42192
2015.12	36440	160004	43214	-18604
2016.03	38640	172911	44208	-4848
2016.06	39130	181275	44560	11464
2016.09	40162	191977	45563	18705
2016.12	44874	201111	47167	20796
2017.03	48588	213157	47799	2269
2017.06	49139	218172	48377	9948
2017.09	46694	223472	49563	20341
2017.12	47043	225877	52048	31828
2018.03	48088	230069	52128	27057
2018.06	47685	236917	53052	22554
2018.09	46714	242696	53578	39715
2018.12	45211	255388	54432	39412

2.7 1 货币当局资产负债表（资产）
Balance Sheet of Monetary Authority (Assets)

单位：亿元
Unit: 100 Million Yuan

	国外资产 * Foreign Assets*	外汇 ** Foreign Exchange**	货币黄金 ** Monetary Gold**	其他国外资产 Other Foreign Assets	对政府债权 *** Claims on Government***
2011	237898.1	232388.7	669.8	4839.5	15399.7
2012	241416.9	236669.9	669.8	4077.1	15313.7
2013.03	254127	246103	670	7354	15314
2013.06	257854	249869	670	7315	15313
2013.09	261561	253549	670	7343	15313
2013.12	272234	264270	670	7294	15313
2014.03	280178	272149	670	7359	15313
2014.06	280169	272131	670	7369	15313
2014.09	280121	272018	670	7433	15313
2014.12	278623	270681	670	7272	15313
2015.03	276073	268161	670	7242	15313
2015.06	276555	267149	2095	7311	15313
2015.09	262214	258244	2208	1762	15313
2015.12	253831	248538	2330	2964	15313
2016.03	246545	238366	2417	5763	15313
2016.06	245224	236308	2488	6428	15274
2016.09	238943	229109	2530	7304	15274
2016.12	229796	219425	2541	7829	15274
2017.03	224290	216210	2541	5539	15274
2017.06	223008	215153	2541	5313	15274
2017.09	222589	215107	2541	4941	15274
2017.12	221164	214788	2541	3834	15274
2018.03	220278	214952	2541	2784	15274
2018.06	220183	215194	2541	2448	15274
2018.09	218811	214084	2541	2185	15274
2018.12	217648	212557	2570	2522	15250

注：自 2008 年起，本表增设“不计入储备货币的金融性公司存款”项目，删除原表中“非金融性公司存款”项目及其子项“活期存款”。
Note: Since 2008, the item of “Deposits of Financial Corporations not Included in Reserve Money” has been added to the balance sheet and the items of “Deposits of Non-financial Corporations” and “Demand Deposits” have been excluded from the balance sheet.

* 国外资产：自 2005 年起，本表国外资产不再以净值反映。

* Foreign Assets: Since 2005, foreign assets have been no longer presented on a net basis for this sheet.

** 中国人民银行 2001 年 12 月、2002 年 12 月对“金银占款”进行了两次调整，自 2002 年一季度起对“外汇占款”进行了调整。

** Adjustments were made on “Position for Gold and Silver Purchase” by the PBC in December 2001 and December 2002. Adjustments have also been made on “Position for Foreign Exchange Purchased” since 2002 Q1.

*** 自 2001 年起，包括中国人民银行所持有的国家债券。

*** Since 2001, the government bonds held by the PBC have been included in this item.

2.7 1 货币当局资产负债表（资产）
Balance Sheet of Monetary Authority (Assets)

单位：亿元
Unit: 100 Million Yuan

	对其他存款性公司债权 * Claims on Other Depository Corporations*	对其他金融性公司债权 * Claims on Other Financial Corporations*	对非金融性公司债权 Claims on Non-financial Corporations	其他资产 Other Assets	总资产 Total Assets
2011	10247.5	10644.0	25.0	6763.3	280977.6
2012	16701.1	10038.6	25.0	11041.9	294537.2
2013.03	11375	10026	25	8074	298940
2013.06	16182	10219	25	7149	306741
2013.09	16681	10242	25	7369	311191
2013.12	13148	8907	25	7652	317279
2014.03	12384	8818	25	9930	326647
2014.06	14557	8809	25	10826	329699
2014.09	21015	8732	25	11055	336262
2014.12	24985	7849	12	11467	338249
2015.03	31479	7847	41	11473	342226
2015.06	23264	7696	55	14193	337076
2015.09	25235	9697	57	13523	326039
2015.12	26626	6657	72	15339	317837
2016.03	44158	6655	72	13474	326216
2016.06	57566	6658	75	13346	338142
2016.09	61905	6658	72	12098	334950
2016.12	84739	6324	81	7497	343712
2017.03	80711	6316	117	10644	337354
2017.06	85907	6318	97	14422	345026
2017.09	89149	6318	95	16571	349997
2017.12	102230	5987	102	18174	362932
2018.03	99902	5950	36	18169	359608
2018.06	103424	5948	54	17819	362702
2018.09	109333	5957	45	16810	366230
2018.12	111517	4643	28	23406	372492

* 自 2005 年起，本表采用其他存款性公司和其他金融性公司分类，其机构范围详见第 96 页 [注 1]。2005 年之前，存款货币银行和特定存款机构加总的数据可以替代其他存款性公司数据，其他金融机构的数据可以替代其他金融性公司数据。

* For this sheet, new classification has been adopted since 2005. Please refer to the note 1 on page 96 for the particular institution coverage of other depository corporations and other financial corporations. To keep comparability, the data of other depository corporations before 2005 could be approximately substituted by the aggregation of deposit money banks and specific monetary institutions. Similarly, data of other financial corporations could be substituted by data of other financial institutions before 2005.

2.7 2 货币当局资产负债表（负债）

Balance Sheet of Monetary Authority (Liabilities)

单位：亿元

Unit: 100 Million Yuan

	储备货币 Reserve Money	货币发行 Currency Issue	金融性公司存款 Deposits of Financial Corporations	其他存款性公司存款 * Deposits of Other Depository Corporations*	其他金融性公司存款 * Deposits of Other Financial Corporations*	非金融性公司存款 Deposits of Non-financial Corporations	不计入储备货币的金融性公司存款 Deposits of Financial Corporations not Included in Reserve Money
2011	224641.8	55850.1	168791.7	168791.7	—	0.0	908.4
2012	252345.2	60646.0	191699.2	191699.2	—	0.0	1348.9
2013.03	253650	61331	192319	192319	—	0.0	1350
2013.06	257776	59831	197945	197945	—	0.0	1317
2013.09	263138	63041	200097	200097	—	0.0	1268
2013.12	271023	64981	206042	206042	—	0.0	1330
2014.03	274741	64816	209925	209925	—	0.0	1366
2014.06	279899	63260	216638	216638	—	0.0	1571
2014.09	285299	65545	219754	219754	—	0.0	1662
2014.12	294093	67151	226942	226942	—	0.0	1558
2015.03	295753	69078	226675	226675	—	0.0	1729
2015.06	288780	65112	223668	223668	—	0.0	1692
2015.09	279677	68455	211222	211222	—	0.0	1843
2015.12	276377	69886	206492	206492	—	0.0	2826
2016.03	283377	71353	212024	212024	—	0.0	3910
2016.06	289071	69031	220040	220040	—	0.0	4760
2016.09	290707	71920	218786	218786	—	0.0	5713
2016.12	308980	74884	234095	234095	—	0.0	6485
2017.03	302387	75247	227141	227141	—	0.0	7744
2017.06	303772	73269	229662	229662	—	841	7597
2017.09	306044	76626	228516	228516	—	901	6047
2017.12	321871	77074	243802	243802	—	995	5019
2018.03	321350	79453	238740	238740	—	3158	4168
2018.06	318471	75658	237805	237805	—	5008	3746
2018.09	317918	78117	231051	231051	—	8750	3549
2018.12	330957	79146	235511	235511	—	16300	4016

注：自 2011 年起，采用国际货币基金组织关于储备货币的定义，不再将其他金融性公司在货币当局的存款计入储备货币。

Note : Since 2011, new definition of reserve money defined by IMF has been adopted. Deposits of other financial corporations with the monetary authority have no longer been included in reserve money.

* 见第 25 页脚注。

* See footnote on page 25.

2.7 2 货币当局资产负债表（负债）
Balance Sheet of Monetary Authority (Liabilities)

单位：亿元
Unit: 100 Million Yuan

	债券发行 Bonds Issue	国外负债 Foreign Liabilities	政府存款 Government Deposits	自有资金 Self-owned Capital	其他负债 Other Liabilities	总负债 Total Liabilities
2011	23336.7	2699.4	22733.7	219.8	6438.0	280977.6
2012	13880.0	1464.2	20753.3	219.8	4525.9	294537.2
2013.03	13880	1296	22757	220	5788	298940
2013.06	10382	1127	32330	220	3589	306741
2013.09	7878	1818	34481	220	2389	311191
2013.12	7762	2088	28611	220	6245	317279
2014.03	7762	1999	28963	220	11594	326647
2014.06	7132	1477	33283	220	6171	329699
2014.09	6922	1964	36787	220	3407	336262
2014.12	6522	1834	31275	220	2747	338249
2015.03	6522	1405	29829	220	6768	342226
2015.06	6522	1466	32481	220	5915	337076
2015.09	6522	1650	31542	220	4585	326039
2015.12	6572	1807	27179	220	2855	317837
2016.03	6572	3828	27339	220	972	326216
2016.06	6572	3882	31797	220	1841	338142
2016.09	764	3787	29920	220	3840	334950
2016.12	500	3195	25063	220	-731	343712
2017.03	500	1099	24026	220	1378	337354
2017.06	0	1599	28113	220	3725	345026
2017.09	0	1025	31095	220	5565	349997
2017.12	0	880	28626	220	6316	362932
2018.03	0	929	26374	220	6567	359608
2018.06	0	1118	32041	220	7106	362702
2018.09	0	2050	34795	220	7698	366230
2018.12	200	1165	28225	220	7710	372492

2.8 1 其他存款性公司资产负债表（资产）
Balance Sheet of Other Depository Corporations (Assets)

单位：亿元
Unit: 100 Million Yuan

	国外资产 Foreign Assets	储备资产 Reserve Assets			对政府债权 Claims on Government	对中央银行债权 Claims on Central Bank
			准备金存款 Deposits with Central Bank	库存现金 Cash in Vault		
2011	24211.7	173004.1	167902.5	5101.6	49697.9	22324.0
2012	28798.5	197132.5	191146.3	5986.2	56123.3	12709.0
2013.03	28622	197788	191918	5870	55998	15210
2013.06	28686	203120	197352	5767	58587	10184
2013.09	27769	206057	199509	6549	60748	6136
2013.12	28814	211776	205369	6406	62341	10301
2014.03	29879	216345	209859	6486	62057	15966
2014.06	35152	223025	216716	6309	64636	10314
2014.09	35940	226343	219644	6700	68562	7579
2014.12	36689	233489	226597	6892	71010	6564
2015.03	40916	233401	226272	7128	70692	6569
2015.06	40915	233977	227469	6508	78662	6429
2015.09	43383	224110	216678	7432	91111	6403
2015.12	41595	219330	212661	6669	110163	6229
2016.03	41063	221687	214986	6701	117323	6161
2016.06	42585	230117	223905	6212	145391	5696
2016.09	46034	230546	223694	6852	161514	677
2016.12	50020	246447	239867	6581	172140	525
2017.03	52879	239252	232611	6642	175020	522
2017.06	52266	243285	236994	6291	189320	3
2017.09	53361	242297	235419	6878	206015	3
2017.12	53482	256108	249680	6428	218244	0
2018.03	55833	244963	238203	6760	226081	0
2018.06	57795	244261	238193	6068	237190	0
2018.09	59782	238907	232044	6863	258491	0
2018.12	60146	243161	237224	5937	264353	0

注：自 2008 年起，本表项目中原“央行债券”更名为“对中央银行债权”。
Note: Since 2008, the item of “Central Bank Bonds” has been renamed as “Claims on Central Bank”.

2.8 1 其他存款性公司资产负债表（资产）
Balance Sheet of Other Depository Corporations (Assets)

单位：亿元
Unit: 100 Million Yuan

	对其他存款性公司债权* Claims on Other Depository Corporations*	对其他金融性公司债权* Claims on Other Financial Corporations*	对非金融性公司债权 Claims on Non-financial Corporations	对其他居民部门债权 Claims on Other Resident Sectors	其他资产 Other Assets	总资产 Total Assets
2011	179466.0	34329.2	465395.2	135214.4	54224.7	1137867.1
2012	237024.6	50519.9	534132.7	160193.8	60228.6	1336862.8
2013.03	262063	58337	559589	169895	66392	1413896
2013.06	259554	62362	573036	180785	70700	1447015
2013.09	253805	66985	589768	190630	71914	1473812
2013.12	260442	72592	599575	196864	82046	1524752
2014.03	279595	84027	625037	206016	84970	1603891
2014.06	293407	103162	642770	215432	85778	1673677
2014.09	278523	98661	655324	223057	88931	1682922
2014.12	280389	111553	673286	229216	79835	1722030
2015.03	279794	129198	705301	237989	86130	1789988
2015.06	302876	152369	729637	248562	86872	1880298
2015.09	301714	159792	752395	258910	95716	1933533
2015.12	314186	176579	783762	267326	72385	1991556
2016.03	300636	224021	809470	279691	75906	2075960
2016.06	304320	242537	821461	296514	81626	2170247
2016.09	304522	251143	825632	313984	82686	2216738
2016.12	315878	265299	836468	329544	87435	2303756
2017.03	311845	277853	852222	347851	103578	2361022
2017.06	296902	284541	866964	367009	103915	2404204
2017.09	292933	278500	879635	386205	102809	2441757
2017.12	296043	280617	889011	399669	104049	2497224
2018.03	283167	281991	921705	417091	101406	2532235
2018.06	282345	273812	937323	435680	101298	2569704
2018.09	280218	259093	967287	456323	100214	2620314
2018.12	287239	258694	977946	472762	103033	2667335

* 自2005年起，本表采用其他存款性公司和其他金融性公司分类，其机构范围详见第96页[注1]。2005年之前，存款货币银行和特定存款机构加总的数据可以替代其他存款性公司数据，其他金融机构的数据可以替代其他金融性公司数据。

* For this sheet, new classification has been adopted since 2005. Please refer to the note 1 on page 96 for the particular institution coverage of other depository corporations and other financial corporations. To keep comparability, the data of other depository corporations before 2005 could be approximately substituted by the aggregation of deposit money banks and specific monetary institutions. Similarly, data of other financial corporations could be substituted by data of other financial institutions before 2005.

2.8 2 其他存款性公司资产负债表（负债）
Balance Sheet of Other Depository Corporations (Liabilities)

单位：亿元
Unit: 100 Million Yuan

	对非金融机构及住户负债 Liabilities to Non-financial Institutions & Households	纳入广义货币的存款 Deposits Included in Broad Money	企业活期存款 Demand Deposits of Enterprises	企业定期存款 Time Deposits of Enterprises	居民储蓄存款 Household Savings Deposits	不纳入广义货币的存款 Deposits Excluded from Broad Money	可转让存款 Transferable Deposits	其他存款 Other Deposits	其他负债 Other Liabilities	对中央银行负债 Liabilities to Central Bank
2011	780043.9	758512.7	239099.2	166616.0	352797.5	16809.1	7118.5	9690.6	4722.1	6763.9
2012	891427.9	861307.2	254004.5	195940.1	411362.6	24454.1	8036.1	16418.0	5666.6	13903.1
2013.03	952642	920178	255438	215733	449007	26890	8070	18820	5573	8881
2013.06	972848	940876	259436	228029	453411	26581	8228	18353	5392	14429
2013.09	989356	956876	255838	239080	461958	26844	7667	19178	5635	15030
2013.12	1012779	978444	278717	232697	467031	25940	7454	18486	8394	11663
2014.03	1056771	1020533	269354	250779	500399	28640	7253	21387	7598	11691
2014.06	1097646	1058206	284536	265644	508025	32792	7928	24864	6648	15285
2014.09	1086316	1044834	268375	272197	504262	33008	7815	25194	8473	21890
2014.12	1102203	1060731	287797	264056	508878	31136	8157	22979	10336	26617
2015.03	1143386	1095144	275261	275189	544694	36495	8966	27529	11748	34527
2015.06	1173336	1125935	297479	289329	539127	34231	8509	25723	13170	32126
2015.09	1203732	1149839	303394	298571	547874	36665	9381	27283	17228	31296
2015.12	1249743	1178051	337737	288241	552073	36440	10806	25634	35252	33638
2016.03	1314172	1234409	346930	300623	586856	38640	11354	27286	41123	46855
2016.06	1356213	1270047	380825	301674	587549	39130	11065	28066	47035	60247
2016.09	1387791	1303229	389272	315077	598881	40162	12078	28084	44400	64388
2016.12	1420679	1329747	418253	307990	603504	44874	14028	30846	46057	87880
2017.03	1469485	1380627	420165	317183	643278	48588	13977	34611	40271	83858
2017.06	1491234	1403185	443250	317003	642932	49139	14683	34456	38910	90884
2017.09	1511037	1423079	448114	326614	648350	46694	13811	32883	41265	93245
2017.12	1531979	1442682	473145	320196	649341	47043	15267	31777	42253	105470
2018.03	1573169	1476017	450847	332606	692564	48088	15643	32445	49064	95168
2018.06	1591690	1501221	474355	334425	692441	47685	15029	32656	42784	94315
2018.09	1624130	1523403	467320	349827	706256	46714	14652	32062	54013	99762
2018.12	1641201	1540345	478478	340179	721689	45211	15356	29856	55644	104475

2.8 2 其他存款性公司资产负债表（负债）
Balance Sheet of Other Depository Corporations (Liabilities)

单位：亿元
Unit: 100 Million Yuan

	对其他存款性公司负债* Liabilities to Other Depository Corporations*	对其他金融性公司负债* Liabilities to Other Financial Corporations*	计入广义货币的存款 Deposits Included in Broad Money	国外负债 Foreign Liabilities	债券发行 Bonds Issue	实收资本 Paid-in Capital	其他负债 Other Liabilities	总负债 Total Liabilities
2011	85082.0	52210.9	42329.7	7765.9	75409.7	28642.0	101948.9	1137867.1
2012	108636.3	62999.2	58181.9	9900.3	92318.3	30725.3	126952.6	1336862.8
2013.03	111646	64525	60220	11972	95986	30552	137692	1413896
2013.06	107641	65250	59464	12732	99130	30996	143989	1447015
2013.09	102470	69570	64010	14772	101362	31652	149600	1473812
2013.12	110398	74805	69506	17973	103672	32546	160916	1524752
2014.03	112140	86323	81825	24025	108254	32888	171800	1603891
2014.06	114186	98502	94431	24835	113378	33446	176399	1673677
2014.09	107682	103207	98372	25232	118474	33901	186219	1682922
2014.12	111118	112401	107385	25088	123119	36410	185075	1722030
2015.03	107779	122365	118239	20946	129897	37711	193378	1789988
2015.06	118407	154897	148836	21344	139065	38912	202210	1880298
2015.09	117975	152605	148962	16779	147649	40736	222763	1933533
2015.12	131306	155915	151011	12978	160004	42995	204978	1991556
2016.03	123721	150576	147138	11879	172911	43988	211858	2075960
2016.06	131786	160884	157625	13119	181275	44340	222383	2170247
2016.09	135593	151794	148063	12780	191977	45343	227071	2216738
2016.12	144837	157275	152016	12673	201111	46947	232355	2303756
2017.03	133600	154081	150378	15277	213157	47579	243985	2361022
2017.06	122165	163227	160279	18167	218172	48158	252199	2404204
2017.09	119270	166742	161934	20140	223472	49343	258509	2441757
2017.12	126116	168351	162446	20479	225877	51828	267124	2497224
2018.03	112176	179403	175839	19734	230069	51908	270608	2532235
2018.06	110739	184890	181610	19714	236917	52832	278607	2569704
2018.09	107848	182569	177897	19849	242696	53358	290103	2620314
2018.12	108916	184311	179375	20894	255388	54213	297939	2667335

* 见第 29 页脚注。
* See footnote on page 29.

2.9 1 中资大型银行资产负债表（资产）
Balance Sheet of Large-sized Domestic Banks (Assets)

单位：亿元
Unit: 100 Million Yuan

	国外资产 Foreign Assets	储备资产 Reserve Assets			对政府债权 Claims on Government	对中央银行债权 Claims on Central Bank
			准备金存款 Deposits with Central Bank	库存现金 Cash in Vault		
2010.12	14034.0	82875.6	80573.5	2302.1	29350.0	36484.1
2011.03	15281.2	93259.4	90776.6	2482.8	29660.5	32462.0
2011.06	15803.5	99021.9	96640.9	2381.0	31011.5	23990.6
2011.09	14366.8	102720.5	99878.6	2842.0	32664.4	21495.0
2011.12	17393.5	102283.7	99371.7	2912.0	33518.2	19509.6
2012.03	20822.2	108535.4	105862.5	2672.9	33560.0	20535.1
2012.06	24421.0	107861.8	105114.0	2747.8	34620.9	17186.2
2012.09	23873.5	108784.6	105463.1	3321.6	37737.1	13530.5
2012.12	20196.3	111464.9	108019.0	3445.9	38753.5	11466.8
2013.03	19957	115378	112076	3302	38837	13446
2013.06	19929	116172	113009	3163	40139	8890
2013.09	18978	117421	113672	3749	40712	5735
2013.12	19356	114779	111158	3621	40884	9906
2014.03	20058	122260	118656	3605	40642	13725
2014.06	23244	123488	120044	3444	41468	9585
2014.09	22990	125882	122057	3825	42802	7073
2014.12	23268	122515	118638	3877	43799	6230
2015.03	26644	132277	128436	3841	43798	6190
2015.06	26415	129927	126453	3474	48492	5998
2015.09	26227	122904	118657	4247	55820	5968
2015.12	24885	111191	107457	3734	70540	5908
2016.03	24543	119904	116271	3632	75560	5910
2016.06	24980	120200	116829	3371	93250	5400
2016.09	26959	122195	118346	3850	103001	656
2016.12	28224	126354	122710	3643	110144	500
2017.03	30284	127992	124346	3646	112832	500
2017.06	29270	128580	125140	3439	122519	0
2017.09	29761	128481	124607	3873	132967	0
2017.12	29052	130449	126967	3482	140119	0
2018.03	30976	127903	124291	3613	145469	0
2018.06	31919	126423	123221	3202	153150	0
2018.09	32888	124009	120343	3666	165963	0
2018.12	32428	117999	114844	3155	169057	0

2.9 1 中资大型银行资产负债表（资产）
Balance Sheet of Large-sized Domestic Banks (Assets)

单位：亿元
Unit: 100 Million Yuan

	对其他存款性公司债权 Claims on Other Depository Corporations	对其他金融性公司债权 Claims on Other Financial Corporations	对非金融性公司债权 Claims on Non-financial Corporations	对其他居民部门债权 Claims on Other Resident Sectors	其他资产 Other Assets	总资产 Total Assets
2010.12	62085.7	12056.7	236938.3	60572.7	31055.0	565452.0
2011.03	70146.5	15411.8	246176.1	63944.3	31475.5	597817.3
2011.06	76870.8	19152.6	252522.9	67562.3	33466.8	619402.9
2011.09	73822.2	18404.9	258428.5	70755.1	33317.5	625974.9
2011.12	79116.9	20576.7	266750.3	73526.7	34048.3	646723.8
2012.03	95425.3	22733.7	278972.2	76067.5	33845.6	690497.0
2012.06	102779.8	23844.6	286210.4	79054.1	36365.6	712344.4
2012.09	97779.0	23636.0	291755.8	83408.8	37806.8	718312.1
2012.12	102248.2	24668.7	297056.5	86878.8	39975.2	732708.7
2013.03	115153	22626	309102	91904	45244	771646
2013.06	116535	20811	314164	97432	49267	783339
2013.09	114513	20966	322991	102191	50038	793545
2013.12	112958	22269	328233	105640	59570	813596
2014.03	117008	24782	339685	110341	61508	850008
2014.06	124525	36375	347254	114987	60473	881399
2014.09	118424	33304	353218	118820	62409	884922
2014.12	119072	36984	359189	121801	53023	885880
2015.03	116838	40069	374416	126419	55683	922334
2015.06	135279	38927	385118	131496	54604	956256
2015.09	126981	43583	398181	137370	61483	978518
2015.12	131167	47455	416235	142373	38640	988393
2016.03	126253	49824	434838	149576	41926	1028334
2016.06	126138	53321	440333	158546	45920	1068087
2016.09	120418	53858	440416	167364	45766	1080633
2016.12	116795	57489	442330	174812	46962	1103610
2017.03	115450	61777	443513	183580	54725	1130653
2017.06	111009	68994	447919	192271	53320	1153881
2017.09	106320	65083	452121	201112	51925	1167769
2017.12	105575	64262	453332	207600	51792	1182180
2018.03	107667	64343	465839	215652	47520	1205369
2018.06	105551	63250	467388	223673	46551	1217907
2018.09	104842	62199	483710	231687	45130	1250428
2018.12	103994	62477	486979	237933	44609	1255477

2.9 2 中资大型银行资产负债表（负债）
Balance Sheet of Large-sized Domestic Banks (Liabilities)

单位：亿元
Unit:100 Million Yuan

	对非金融机构及住户负债 Liabilities to Non-financial Institutions & Households	纳入广义货币的存款 Deposits Included in Broad Money				不纳入广义货币的存款 Deposits Excluded from Broad Money			其他负债 Other Liabilities	对中央银行负债 Liabilities to Central Bank
			企业活期存款 Demand Deposits of Enterprises	企业定期存款 Time Deposits of Enterprises	居民储蓄存款 Household Savings Deposits		可转让存款 Transferable Deposits	其他存款 Other Deposits		
2010.12	409775.7	399275.4	125919.8	66650.5	206705.2	8180.9	3306.3	4874.6	2319.4	898.1
2011.03	439940.9	422689.0	127393.3	70306.9	224988.8	14062.8	4279.8	9783.0	3189.1	881.9
2011.06	453380.0	435086.0	132607.1	74708.2	227770.7	14953.9	4529.3	10424.5	3340.1	1000.9
2011.09	456075.1	437393.0	125738.0	81606.3	230048.7	14841.8	3833.4	11008.4	3840.3	1614.5
2011.12	458964.2	445941.3	134650.3	76395.0	234896.1	9357.3	3636.1	5721.2	3665.6	2076.6
2012.03	484574.0	469257.8	129832.8	82129.6	257295.4	12142.7	3716.8	8425.8	3173.6	2828.0
2012.06	498794.6	480646.1	134296.5	83849.5	262500.1	14502.0	4002.7	10499.3	3646.4	3102.1
2012.09	504604.9	486132.9	130754.4	89723.8	265654.7	14459.0	3862.0	10597.0	4013.1	5872.6
2012.12	508789.6	491047.7	139933.0	84401.2	266713.6	13487.5	4070.8	9416.7	4254.4	4071.3
2013.03	541026	522616	140834	92649	289133	14443	4164	10279	3967	3389
2013.06	545125	527835	141671	98046	288118	13778	4235	9543	3511	6845
2013.09	552735	535314	139302	102987	293025	13831	3948	9883	3590	7274
2013.12	559213	540342	148850	98546	292946	13077	3587	9490	5793	4128
2014.03	584020	564109	146816	105647	311646	14590	3567	11024	5320	3541
2014.06	597192	576593	152656	111297	312639	16277	3601	12677	4322	6309
2014.09	588747	567165	144757	112863	309544	15609	3534	12074	5973	12162
2014.12	588823	567167	149263	107492	310412	14089	3732	10357	7566	12630
2015.03	618824	592156	148110	111368	332678	17598	4116	13482	9070	17731
2015.06	626352	599891	158510	115631	325750	16340	3957	12382	10121	20556
2015.09	640429	608856	159844	118251	330761	17388	4216	13172	14185	18985
2015.12	661772	612007	169087	112676	330244	17738	5022	12716	32028	19560
2016.03	705597	647670	177795	116977	352898	20066	5423	14643	37861	26001
2016.06	720161	656318	191172	115272	349874	20836	5054	15782	43007	34153
2016.09	735167	672723	195468	119486	357769	21683	5846	15837	40761	34938
2016.12	741532	676781	200971	116788	359023	23883	6599	17284	40868	45262
2017.03	775082	713050	206923	123359	382768	26305	6705	19600	35727	47086
2017.06	778931	719281	216727	123863	378690	25597	6752	18845	34053	50588
2017.09	790054	731060	220267	127755	383038	24160	6596	17564	34834	51259
2017.12	784171	726114	224714	121510	379890	23798	7025	16773	34260	56824
2018.03	819739	755247	222198	128336	404713	24837	7393	17444	39655	51008
2018.06	821638	762374	234997	127376	400002	24569	6924	17645	34695	48232
2018.09	838797	770529	231897	130761	407871	23787	7050	16737	44481	50343
2018.12	835134	766507	229781	124589	412136	22554	7125	15429	46073	51163

注："中资大型银行资产负债表"机构范围见第 98 页 [注 2]。

Note: Please refer to note 2 on page 98 for the information of institutional coverage of the "Balance Sheet of Large-sized Domestic Banks".

2.9 2 中资大型银行资产负债表（负债）

Balance Sheet of Large-sized Domestic Banks (Liabilities)

单位：亿元

Unit:100 Million Yuan

	对其他存款性公司负债 Liabilities to Other Depository Corporations	对其他金融性公司负债 Liabilities to Other Financial Corporations	计入广义货币的存款 Deposits Included in Broad Money	国外负债 Foreign Liabilities	债券发行 Bonds Issue	实收资本 Paid-in Capital	其他负债 Other Liabilities	总负债 Total Liabilities
2010.12	19677.9	27722.7	8774.6	2557.9	41058.6	15849.6	47911.5	565452.0
2011.03	19691.5	23368.2	8117.1	2940.6	44948.8	15835.4	50210.0	597817.3
2011.06	22746.5	22687.1	6403.3	3281.3	48243.3	15884.4	52179.6	619402.9
2011.09	24754.5	20927.3	4891.7	2913.9	49943.4	15915.5	53830.7	625974.9
2011.12	27970.8	29337.6	24374.9	2717.5	50957.0	15904.7	58795.4	646723.8
2012.03	34446.2	34157.2	31226.3	3027.5	53140.6	15945.6	62377.9	690497.0
2012.06	33143.5	34718.8	31934.8	3642.4	56091.5	15952.3	66899.3	712344.4
2012.09	28312.1	32073.5	29800.1	3475.6	57901.5	16079.5	69992.4	718312.1
2012.12	30249.6	33285.6	31754.0	4203.3	60293.3	16070.6	75745.6	732708.7
2013.03	24549	34279	32881	5673	61816	16067	84846	771646
2013.06	21912	34269	32106	5762	63405	16048	89974	783339
2013.09	20455	34295	32260	6771	64903	16051	91061	793545
2013.12	21960	35826	34118	8669	65949	16070	101781	813596
2014.03	18428	40013	38905	12609	67593	16082	107724	850008
2014.06	20903	49912	48914	12662	69945	16082	108395	881399
2014.09	20268	50216	49331	12483	70672	16085	114290	884922
2014.12	21852	53509	52783	11930	71222	17644	108270	885880
2015.03	14646	58397	57726	9575	71503	18424	113253	922334
2015.06	19921	72149	71527	9811	73543	18518	115408	956256
2015.09	26278	61679	60918	7633	76658	19783	127073	978518
2015.12	30885	61407	60136	5467	80907	20437	107957	988393
2016.03	21771	55160	54071	4874	83055	20632	111242	1028334
2016.06	28312	60110	59099	4990	84580	20608	115173	1068087
2016.09	30442	52332	51249	5323	86123	20728	115580	1080633
2016.12	31388	54179	52952	5356	86962	20849	118082	1103610
2017.03	24265	47594	46554	6607	87826	20834	121360	1130653
2017.06	20786	61291	60282	7787	88502	20786	125208	1153881
2017.09	19166	60552	59616	8034	91349	21247	126108	1167769
2017.12	24752	60932	59851	8531	94777	21813	130380	1182180
2018.03	16624	65091	64139	7874	95876	21718	127440	1205369
2018.06	19243	70016	68846	7198	98570	22097	130911	1217907
2018.09	21047	72630	71479	7434	102213	22199	135764	1250428
2018.12	23530	69786	68494	8440	105420	22193	139810	1255477

2.10 1 中资中型银行资产负债表（资产）
Balance Sheet of Medium-sized Domestic Banks (Assets)

单位：亿元
Unit:100 Million Yuan

	国外资产 Foreign Assets	储备资产 Reserve Assets			对政府债权 Claims on Government
			准备金存款 Deposits with Central Bank	库存现金 Cash in Vault	
2010.12	3002.2	22243.7	21871.5	372.2	6888.0
2011.03	4122.3	22508.7	22129.5	379.3	6678.6
2011.06	4670.4	24674.8	24275.6	399.2	7004.5
2011.09	4589.2	25196.0	24758.9	437.1	7265.0
2011.12	5108.5	28354.0	27885.8	468.2	7540.0
2012.03	5490.1	28777.9	28356.4	421.4	7654.3
2012.06	5969.8	30085.6	29610.6	475.1	7743.8
2012.09	6140.7	31659.0	31149.2	509.8	8316.0
2012.12	6665.8	34937.3	34343.8	593.5	8648.8
2013.03	7060	34551	33988	563	8802
2013.06	7195	37219	36598	621	9352
2013.09	7373	37360	36748	612	10287
2013.12	7937	38462	37790	672	10912
2014.03	8212	38532	37887	645	10973
2014.06	10120	41367	40710	657	11934
2014.09	11004	41364	40745	620	13641
2014.12	10802	44166	43480	686	14513
2015.03	11677	40625	39923	702	14545
2015.06	11689	43866	43199	667	16757
2015.09	14057	42265	41613	651	19647
2015.12	13433	41450	40821	629	21841
2016.03	13501	42457	41858	599	23357
2016.06	14613	45166	44604	562	30845
2016.09	16239	42925	42336	590	34957
2016.12	18574	45696	45057	639	36915
2017.03	18931	42834	42274	560	36821
2017.06	19107	43041	42501	539	39499
2017.09	19678	41644	41104	540	43161
2017.12	20462	43565	42955	609	45819
2018.03	20982	40702	40136	566	47654
2018.06	21710	41466	40945	520	49752
2018.09	22703	39050	38529	521	53968
2018.12	23271	40680	40142	538	54925

2.10 1 中资中型银行资产负债表（资产）
Balance Sheet of Medium-sized Domestic Banks (Assets)

单位：亿元
Unit:100 Million Yuan

	对中央银行债权 Claims on Central Bank	对其他存款性公司债权 Claims on Other Depository Corporations	对其他金融性公司债权 Claims on Other Financial Corporations	对非金融性公司债权 Claims on Non-financial Corporations	对其他居民部门债权 Claims on Other Resident Sectors	其他资产 Other Assets	总资产 Total Assets
2010.12	2562.5	30820.0	3931.7	93795.3	19963.3	4654.0	187860.7
2011.03	2189.7	37012.2	4547.6	95328.3	20846.2	5194.1	198427.7
2011.06	2005.6	38822.1	5090.8	99256.6	22209.4	5666.4	209400.6
2011.09	1640.4	37468.3	4358.1	101305.8	23112.6	6743.0	211678.5
2011.12	1956.8	44221.4	6670.2	105725.0	24081.7	7331.6	230989.0
2012.03	1653.8	48143.5	8638.6	110749.2	24573.0	7757.7	243438.1
2012.06	1570.9	60444.7	9427.7	115480.8	25752.2	8380.4	264856.0
2012.09	1336.4	59152.1	10350.4	120369.5	28169.7	8435.8	273929.4
2012.12	790.1	63346.6	12867.2	124944.1	30199.3	7534.3	289933.6
2013.03	749	67541	15706	131634	32310	8018	306370
2013.06	541	65149	22048	134300	34906	7913	318622
2013.09	91	60048	24923	136831	37320	8042	322275
2013.12	90	60806	26713	138873	38771	8641	331205
2014.03	1405	66831	30946	145600	40321	8846	351664
2014.06	260	72688	36034	149668	42122	10197	374390
2014.09	196	66941	33205	152156	43800	10554	372863
2014.12	127	64679	40458	157577	46054	10964	389341
2015.03	126	59815	50834	165398	48011	13310	404342
2015.06	146	59643	65765	170285	50763	14824	433738
2015.09	124	62646	65469	172923	53336	15819	446286
2015.12	122	65521	71282	180137	55929	14033	463749
2016.03	124	58283	85589	187592	58653	14428	483984
2016.06	122	61050	91619	189253	63434	14606	510709
2016.09	0	61246	94666	190045	68857	15063	523997
2016.12	0	63915	102137	193237	74314	15323	550112
2017.03	0	56400	103391	199442	79575	17201	554594
2017.06	0	50032	100934	203264	85072	17187	558136
2017.09	0	49179	93653	206845	90316	17670	562146
2017.12	0	45886	96630	210329	94119	18620	575429
2018.03	0	40316	99880	220714	97903	18738	586890
2018.06	0	41327	97733	227108	102998	19265	601359
2018.09	0	40270	87852	230936	109594	17806	602178
2018.12	0	43056	89388	231885	115302	20563	619068

2.10 2 中资中型银行资产负债表（负债）
Balance Sheet of Medium-sized Domestic Banks (Liabilities)

单位：亿元
Unit: 100 Million Yuan

	对非金融机构及住户负债 Liabilities to Non-financial Institutions & Households	纳入广义货币的存款 Deposits Included in Broad Money	企业活期存款 Demand Deposits of Enterprises	企业定期存款 Time Deposits of Enterprises	居民储蓄存款 Household Savings Deposits	不纳入广义货币的存款 Deposits Excluded from Broad Money	可转让存款 Transferable Deposits	其他存款 Other Deposits	其他负债 Other Liabilities	对中央银行负债 Liabilities to Central Bank
2010.12	115141.3	112158.2	45372.9	43772.9	23012.5	2583.0	1161.6	1421.4	400.1	3727.4
2011.03	119248.4	114766.6	44731.5	45156.5	24878.6	4097.3	1636.7	2460.6	384.5	2814.0
2011.06	124850.6	119893.7	45498.7	48365.2	26029.8	4422.8	1678.4	2744.5	534.0	2928.7
2011.09	125015.9	120014.0	42946.0	50813.0	26255.0	4383.9	1528.7	2855.2	618.0	2951.1
2011.12	130272.5	125649.3	46817.7	50945.0	27886.6	4025.1	1699.0	2326.1	598.1	3096.7
2012.03	134432.1	128819.3	44792.1	54309.0	29718.3	4989.5	1584.4	3405.1	623.3	3195.5
2012.06	144211.5	136898.4	47493.6	57693.0	31711.9	6668.4	1867.8	4800.6	644.7	4829.5
2012.09	150405.8	142385.5	46602.4	63315.1	32468.1	7282.7	1906.0	5376.7	737.5	5891.7
2012.12	156491.9	148246.6	51219.5	62392.5	34634.6	7469.3	2174.0	5295.3	776.1	7112.4
2013.03	169829	160267	53025	69409	37833	8821	2155	6666	742	3566
2013.06	177177	167265	54373	72907	39984	9005	2191	6815	907	5095
2013.09	178430	168162	52534	75288	40340	9247	1988	7259	1021	4872
2013.12	180861	170690	57170	72658	40861	9020	2098	6921	1152	4956
2014.03	189559	178219	54843	79308	44068	10246	2044	8202	1094	5900
2014.06	205344	191735	59832	84582	47321	12465	2606	9858	1144	6127
2014.09	198745	184336	53463	86282	44590	13135	2598	10537	1274	6258
2014.12	201772	188105	60317	83300	44488	12437	2497	9941	1229	10249
2015.03	205713	190775	56588	88974	45212	13780	2808	10971	1159	12655
2015.06	215779	201671	62044	94098	45530	12745	2591	10153	1363	7649
2015.09	219594	204401	63303	95722	45376	13799	2956	10843	1394	8278
2015.12	226091	211664	75061	90444	46159	13046	3342	9703	1381	10209
2016.03	232868	218409	77981	94126	46301	12969	3535	9434	1490	15943
2016.06	242548	228097	88157	93008	46932	12394	3575	8818	2057	19910
2016.09	244359	230536	87844	96924	45769	12101	3608	8493	1721	22649
2016.12	252664	236600	98437	92885	45278	13738	4117	9621	2327	31769
2017.03	255611	239139	98378	93762	47000	14573	4193	10380	1898	28606
2017.06	262823	245375	102938	93879	48557	15417	4738	10678	2032	31813
2017.09	259105	242065	100493	95072	46500	14255	4126	10129	2785	33195
2017.12	264587	246848	106644	92988	47216	14377	4634	9743	3362	37760
2018.03	269820	250932	102441	97287	51204	15067	4938	10129	3821	35525
2018.06	276862	258780	106540	97895	54345	15314	4827	10487	2769	36325
2018.09	280013	261442	101709	104345	55387	15218	4457	10761	3354	38790
2018.12	282199	264373	104898	101411	58064	14631	4615	10016	3195	39696

注："中资中型银行资产负债表"机构范围见第 98 页 [注 2]。
Note: Please refer to note 2 on page 98 for the information of institutional coverage of the "Balance Sheet of Medium-sized Domestic Banks".

2.10 2 中资中型银行资产负债表（负债）
Balance Sheet of Medium-sized Domestic Banks (Liabilities)

单位：亿元
Unit: 100 Million Yuan

	对其他存款性公司负债 Liabilities to Other Depository Corporations	对其他金融性公司负债 Liabilities to Other Financial Corporations	计入广义货币的存款 Deposits Included in Broad Money	国外负债 Foreign Liabilities	债券发行 Bonds Issue	实收资本 Paid-in Capital	其他负债 Other Liabilities	总负债 Total Liabilities
2010.12	19590.9	14221.2	4027.4	1218.6	17247.2	2160.9	14553.1	187860.7
2011.03	22692.9	15270.3	3566.3	736.9	18591.2	2149.9	16924.0	198427.7
2011.06	24399.7	16103.7	2765.6	870.1	20436.4	2258.9	17552.6	209400.6
2011.09	21912.4	17036.5	2377.3	724.9	22098.9	2352.0	19586.8	211678.5
2011.12	29889.2	19783.9	16295.1	725.8	23411.1	2351.6	21458.4	230989.0
2012.03	30648.4	22631.1	20853.0	1047.4	26007.8	2362.6	23113.2	243438.1
2012.06	37103.2	22267.3	20332.3	1156.3	27959.4	2379.4	24949.4	264856.0
2012.09	36448.3	23197.7	21171.3	1013.4	29132.2	2394.4	25446.1	273929.4
2012.12	40961.3	25625.2	23798.7	1302.9	30544.6	2413.0	25482.3	289933.6
2013.03	44055	25648	23485	1987	32512	2413	26359	306370
2013.06	45549	25684	23006	2289	33762	2443	26623	318622
2013.09	40824	29170	26609	2762	34407	2576	29234	322275
2013.12	43044	32295	29823	3403	35736	2647	28263	331205
2014.03	40904	38408	35811	4678	38523	2656	31035	351664
2014.06	40834	39579	37185	5667	41031	2738	33071	374390
2014.09	37927	42119	39036	5992	44456	2750	34617	372863
2014.12	38070	46271	43431	6339	46615	3030	36995	389341
2015.03	37940	49491	47162	5188	51701	3183	38471	404342
2015.06	38632	64244	60452	4928	56202	3570	42735	433738
2015.09	35810	67289	65854	3393	59762	3612	48548	446286
2015.12	42451	68221	66507	2388	64192	4002	46195	463749
2016.03	40639	66474	65426	2233	71672	4461	49694	483984
2016.06	40663	70037	69064	3512	76485	4511	53043	510709
2016.09	43836	66761	65694	3338	84018	4777	54258	523997
2016.12	49315	68878	67153	3414	86079	5233	52759	550112
2017.03	44306	70001	68569	4620	91597	5302	54551	554594
2017.06	37126	65807	64903	5376	94309	5336	55547	558136
2017.09	38081	66074	63638	6353	95916	5396	58027	562146
2017.12	39070	67781	65259	6132	94733	6222	59144	575429
2018.03	34800	74777	73468	6191	96829	6221	62727	586890
2018.06	35432	75117	73903	6453	100168	6296	64706	601359
2018.09	31752	70477	68172	6265	101502	6330	67051	602178
2018.12	34694	72246	69944	6374	107575	6396	69889	619068

2.11 1 中资小型银行资产负债表（资产）
Balance Sheet of Small-sized Domestic Banks (Assets)

单位：亿元
Unit: 100 Million Yuan

	国外资产 Foreign Assets	储备资产 Reserve Assets			对政府债权 Claims on Government	对中央银行债权 Claims on Central Bank
			准备金存款 Deposits with Central Bank	库存现金 Cash in Vault		
2010.12	134.6	17920.4	17287.4	633.1	5267.4	1095.0
2011.03	137.3	17655.4	17015.0	640.5	5628.5	820.1
2011.06	292.9	19958.7	19291.7	667.0	5752.4	498.7
2011.09	212.0	20781.4	20000.5	780.9	6023.7	464.8
2011.12	317.3	24966.1	24087.1	879.0	6234.2	715.3
2012.03	336.9	23705.0	22924.9	780.1	6394.1	571.4
2012.06	377.7	24977.5	24140.7	836.8	6469.0	540.0
2012.09	186.8	26092.0	25173.0	919.0	6730.8	493.5
2012.12	219.8	32034.0	30950.8	1083.3	6785.1	392.7
2013.03	205	30894	29860	1034	6808	428
2013.06	284	32853	31836	1071	7253	331
2013.09	212	34097	32930	1166	7797	102
2013.12	274	38957	37712	1245	8322	88
2014.03	372	37824	36558	1267	8353	106
2014.06	352	39676	38418	1258	8705	99
2014.09	401	40433	39112	1321	9328	100
2014.12	575	45603	44155	1448	9805	83
2015.03	517	42754	41193	1561	10002	97
2015.06	610	43901	42413	1488	10853	121
2015.09	717	43032	41422	1610	12643	130
2015.12	694	47047	45474	1573	14705	88
2016.03	782	44807	43151	1657	15452	41
2016.06	641	49064	47502	1561	17979	35
2016.09	664	49425	47738	1687	20423	19
2016.12	882	55724	54019	1705	21709	25
2017.03	1388	53679	51900	1779	22199	22
2017.06	1444	56004	54292	1712	23899	3
2017.09	1499	56695	54832	1862	26302	3
2017.12	1461	63567	61738	1830	28473	0
2018.03	1622	60714	58730	1984	29351	0
2018.06	1615	60325	58493	1832	30695	0
2018.09	1578	59771	57665	2106	34286	0
2018.12	1766	66329	64499	1830	35998	0

2.11 1 中资小型银行资产负债表（资产）
Balance Sheet of Small-sized Domestic Banks (Assets)

单位：亿元
Unit: 100 Million Yuan

	对其他存款性公司债权 Claims on Other Depository Corporations	对其他金融性公司债权 Claims on Other Financial Corporations	对非金融性公司债权 Claims on Non-financial Corporations	对其他居民部门债权 Claims on Other Resident Sectors	其他资产 Other Assets	总资产 Total Assets
2010.12	24197.5	2048.1	45570.7	12465.4	4719.5	113418.5
2011.03	26664.3	3242.4	48581.5	13853.8	5217.1	121800.4
2011.06	29018.3	3391.8	50822.3	14836.8	5145.0	129716.9
2011.09	28336.3	4241.6	53018.7	15634.3	5494.2	134206.9
2011.12	34407.2	5125.5	56894.2	16691.7	6003.4	151354.9
2012.03	39782.9	6127.0	62315.9	17886.9	6638.7	163758.9
2012.06	43852.5	7119.2	66998.9	19125.4	7534.8	176995.1
2012.09	39803.9	8327.7	69058.4	19863.2	7258.7	177815.2
2012.12	45553.8	9916.7	72244.7	21384.1	7250.9	195781.9
2013.03	48325	15182	78050	22869	7850	210610
2013.06	48486	16077	83117	24793	8529	221722
2013.09	48721	17408	87252	27121	8568	231276
2013.12	55187	19855	88879	29083	8734	249379
2014.03	59195	23840	94935	31234	8962	264821
2014.06	60120	25745	99966	33496	9588	277747
2014.09	56432	27084	103794	35658	10188	283418
2014.12	59784	28641	109411	37482	10458	301841
2015.03	63573	32223	118064	39771	11387	318387
2015.06	66914	40187	126159	42292	11781	342819
2015.09	70198	42931	132841	44329	12446	359267
2015.12	75065	50200	139039	46631	13155	386624
2016.03	70509	80542	138423	49219	13664	413439
2016.06	72427	89455	143308	52604	14714	440228
2016.09	77337	94026	147683	56499	15794	461870
2016.12	87448	97709	152228	60019	16890	492633
2017.03	94279	104157	160373	65039	18237	519373
2017.06	91141	105641	165294	69714	18841	531980
2017.09	91811	110022	169154	75081	18120	548687
2017.12	94275	110144	173386	78880	18173	568359
2018.03	89991	108502	180762	84395	19017	574355
2018.06	90389	103220	188116	89748	19438	583547
2018.09	89219	98641	197445	95971	20616	597526
2018.12	92540	97963	204553	101280	21378	621807

2.11 2 中资小型银行资产负债表（负债）
Balance Sheet of Small-sized Domestic Banks (Liabilities)

单位：亿元
Unit: 100 Million Yuan

	对非金融机构及住户负债 Liabilities to Non-financial Institutions & Households	纳入广义货币的存款 Deposits Included in Broad Money	企业活期存款 Demand Deposits of Enterprises	企业定期存款 Time Deposits of Enterprises	居民储蓄存款 Household Savings Deposits	不纳入广义货币的存款 Deposits Excluded from Broad Money	可转让存款 Transferable Deposits	其他存款 Other Deposits	其他负债 Other Liabilities	对中央银行负债 Liabilities to Central Bank
2010.12	87198.9	86639.8	31951.5	20345.3	34343.0	369.1	273.5	95.6	190.0	215.5
2011.03	91792.7	91027.2	31314.3	21010.2	38702.8	608.7	242.8	365.9	156.8	320.0
2011.06	97610.4	96656.7	33170.6	23405.6	40080.6	766.3	270.2	496.1	187.3	284.9
2011.09	99326.4	98288.2	32572.3	24744.2	40971.8	822.7	253.2	569.5	215.6	347.5
2011.12	109208.9	108395.9	37003.3	26081.7	45311.0	498.6	263.2	235.4	314.4	418.1
2012.03	113155.5	112308.2	34210.2	28003.7	50094.3	592.8	251.1	341.7	254.5	446.6
2012.06	121359.0	120422.8	36350.8	31015.1	53056.9	645.3	246.9	398.4	291.0	918.2
2012.09	125481.3	124432.9	35938.2	32698.0	55796.7	708.9	255.9	453.0	339.4	1565.8
2012.12	137712.6	136460.7	41319.3	33892.3	61249.1	784.9	344.9	440.0	467.0	1401.2
2013.03	147528	146370	40519	37037	68814	783	287	495	376	710
2013.06	155951	154404	42851	39533	72020	1077	345	732	470	1024
2013.09	162050	160469	43318	41988	75163	1055	342	713	525	1353
2013.12	173424	171626	48776	43004	79846	1100	359	741	699	1121
2014.03	181577	179867	45953	46138	87777	1068	292	776	642	999
2014.06	191979	190106	48976	49679	91451	1159	305	854	713	1376
2014.09	195251	193139	46872	51749	94518	1424	314	1110	687	1837
2014.12	205272	202803	51315	52304	99183	1536	357	1179	934	2188
2015.03	214995	212133	48236	54171	109726	1976	347	1629	887	2669
2015.06	226452	223417	51942	59044	112430	2142	339	1803	894	2419
2015.09	237308	233999	54792	62265	116942	2334	455	1880	976	2575
2015.12	251931	248664	62771	62884	123009	2208	389	1819	1058	2668
2016.03	269327	266069	64669	67014	134386	2155	415	1740	1103	3915
2016.06	286479	283048	72838	69885	140326	2169	404	1766	1262	4963
2016.09	301089	297390	77206	72970	147213	2327	451	1876	1373	5556
2016.12	314329	309906	84609	72680	152617	2646	600	2045	1777	9510
2017.03	332478	327205	86201	73835	167168	3359	599	2759	1915	6941
2017.06	342386	336579	92950	73370	170259	3776	678	3098	2031	7032
2017.09	352193	345794	95938	75228	174628	3936	692	3244	2463	7505
2017.12	366366	358988	103422	76011	179555	4076	854	3222	3302	9510
2018.03	373481	365654	96210	76458	192986	3942	999	2943	3885	7594
2018.06	382249	374688	100244	78492	195953	3514	893	2621	4046	8586
2018.09	391974	383900	100250	81284	202367	3413	861	2552	4661	9609
2018.12	408501	400135	103423	83601	213111	3359	980	2379	5007	12398

注：“中资小型银行资产负债表”机构范围见第 98 页 [注 2]。
Note: Please refer to note 2 on page 98 for the information of institutional coverage of the “Blance Sheet of Small-sized Domestic Banks”.

2.11.2 中资小型银行资产负债表（负债）
Balance Sheet of Small-sized Domestic Banks (Liabilities)

单位：亿元
Unit: 100 Million Yuan

	对其他存款性公司负债 Liabilities to Other Depository Corporations	对其他金融性公司负债 Liabilities to Other Financial Corporations		国外负债 Foreign Liabilities	债券发行 Bonds Issue	实收资本 Paid-in Capital	其他负债 Other Liabilities	总负债 Total Liabilities
			计入广义货币的存款 Deposits Included in Broad Money					
2010.12	12398.4	1508.7	102.1	36.7	477.9	3627.1	7955.3	113418.5
2011.03	15481.3	1054.7	101.3	35.1	499.2	3922.0	8695.5	121800.4
2011.06	15996.7	1538.9	118.4	108.0	565.4	4192.3	9420.3	129716.9
2011.09	17460.8	1632.2	45.8	125.2	582.4	4372.6	10359.8	134206.9
2011.12	22157.4	2066.3	1563.3	174.4	703.0	4903.4	11723.4	151354.9
2012.03	29155.9	2171.7	1844.9	206.0	873.0	5132.2	12617.9	163758.9
2012.06	32085.6	2352.0	2006.1	230.2	948.4	5409.1	13692.8	176995.1
2012.09	27160.3	2295.0	1998.3	255.2	1117.7	5572.7	14367.2	177815.2
2012.12	30553.1	2743.0	2516.8	311.6	1320.4	5980.9	15759.2	195781.9
2013.03	34459	3320	3082	636	1444	6187	16328	210610
2013.06	34309	4190	3655	645	1699	6479	17425	221722
2013.09	34920	4894	4444	601	1779	6758	18920	231276
2013.12	39675	5429	4876	633	1745	7226	20127	249379
2014.03	43771	6839	6472	714	1897	7459	21564	264821
2014.06	42525	8025	7766	703	2159	7786	23195	277747
2014.09	39526	9839	9439	786	3150	8128	24901	283418
2014.12	42096	11288	10547	753	4977	8559	26708	301841
2015.03	43663	13038	12486	806	6309	8946	27960	318387
2015.06	47572	16594	15769	978	8960	9494	30349	342819
2015.09	43710	21709	20774	863	10826	9812	32464	359267
2015.12	47395	24055	22821	850	14438	10641	34646	386624
2016.03	47312	26728	25877	840	17634	11039	36645	413439
2016.06	49314	28573	27840	671	19780	11418	39029	440228
2016.09	48425	30873	29766	718	21394	11955	41860	461870
2016.12	52388	32397	30626	642	27608	12659	43099	492633
2017.03	52542	35066	34089	800	33288	13185	45073	519373
2017.06	51463	34683	34084	920	34932	13610	46954	531980
2017.09	50030	38620	37609	969	35768	14153	49449	548687
2017.12	50952	37994	36297	924	36014	14972	51628	568359
2018.03	48390	38021	37166	924	37036	15141	53768	574355
2018.06	44366	38303	37630	966	37754	15474	55849	583547
2018.09	43577	37892	36990	1116	38400	15792	59165	597526
2018.12	40430	40729	39697	1151	41757	16546	60295	621807

2.12 1 外资银行资产负债表（资产）
Balance Sheet of Foreign-funded Banks (Assets)

单位：亿元
Unit: 100 Million Yuan

	国外资产 Foreign Assets	储备资产 Reserve Assets	准备金存款 Deposits with Central Bank	库存现金 Cash in Vault	对政府债权 Claims on Government	对中央银行债权 Claims on Central Bank
2011	1296.2	2966.5	2955.7	10.8	1541.5	0
2012	1612.5	3228.5	3218.4	10.1	1294.9	0
2013.03	1243	2803	2794	10	936	449
2013.06	1140	2804	2795	9	1240	307
2013.09	1098	2756	2747	9	1377	127
2013.12	1128	3083	3073	10	1535	127
2014.03	1110	2951	2940	12	1343	659
2014.06	1295	3019	3008	11	1799	302
2014.09	1443	2899	2887	12	2055	134
2014.12	1889	3205	3194	11	2185	40
2015.03	1938	2650	2639	11	1695	39
2015.06	2054	2524	2514	11	1838	102
2015.09	2190	2439	2428	11	1937	120
2015.12	2391	2899	2889	10	1793	105
2016.03	1984	2869	2859	10	1687	87
2016.06	2066	3107	3098	9	1946	138
2016.09	1899	3584	3575	9	1807	3
2016.12	2071	4060	4051	9	1958	0
2017.03	2008	3478	3470	8	1780	0
2017.06	2187	3469	3461	8	1952	0
2017.09	2192	3297	3289	8	2027	0
2017.12	2222	3766	3758	7	2230	0
2018.03	2043	3045	3038	7	2020	0
2018.06	2328	2985	2979	7	2028	0
2018.09	2380	2832	2826	6	2584	0
2018.12	2452	3287	3281	6	2681	0

注：自 2008 年起，本表项目中原“央行债券”更名为“对中央银行债权”。
Note: Since 2008, the item of “Central Bank Bonds” has been renamed as “Claims on Central Bank”.

2.12 1 外资银行资产负债表（资产）
Balance Sheet of Foreign-funded Banks (Assets)

单位：亿元
Unit: 100 Million Yuan

	对其他存款性公司债权* Claims on Other Depository Corporations*	对其他金融性公司债权* Claims on Other Financial Corporations*	对非金融性公司债权 Claims on Non-financial Corporations	对其他居民部门债权 Claims on Other Resident Sectors	其他资产 Other Assets	总资产 Total Assets
2011	5041.8	493.3	8981.3	462.2	2601.0	23383.7
2012	5361.3	752.2	10510.2	603.2	1219.6	24582.4
2013.03	5578	2140	10037	626	1115	24927
2013.06	5010	1176	9963	661	828	23130
2013.09	5595	1282	10313	719	800	24067
2013.12	6313	1400	10581	790	849	25805
2014.03	6743	1491	10875	843	1057	27070
2014.06	6471	1578	10892	891	934	27181
2014.09	5989	1684	11035	933	1064	27236
2014.12	5775	2125	11077	970	877	28143
2015.03	5229	2257	10949	869	942	26566
2015.06	5281	2471	10782	905	944	26900
2015.09	4791	2398	10498	942	1260	26574
2015.12	4689	2590	10267	980	1969	27684
2016.03	4683	2545	10316	1002	1019	26191
2016.06	4684	2454	10252	1023	1638	27308
2016.09	5294	2469	9832	1040	1587	27515
2016.12	5698	2738	10254	1081	3809	31670
2017.03	5377	2987	10206	1125	8875	35836
2017.06	5611	3149	10522	1167	10104	38160
2017.09	6110	3415	11023	1207	10958	40230
2017.12	6505	3694	11020	1234	11812	42483
2018.03	5926	3826	12082	1254	12604	42800
2018.06	5893	3849	12009	1283	12596	42972
2018.09	5271	3847	12367	1340	13218	43840
2018.12	5844	3745	11649	1452	13066	44177

* 自 2005 年起，本表采用其他存款性公司和其他金融性公司分类，其机构范围详见第 96 页[注 1]。2005 年之前，存款货币银行和特定存款机构加总的数据可以替代其他存款性公司数据，其他金融机构的数据可以替代其他金融性公司数据。

* For this sheet, new classification has been adopted since 2005. Please refer to the note 1 on page 96 for the particular institution coverage of other depository corporations and other financial corporations. To keep comparability, the data of other depository corporations before 2005 could be approximately substituted by the aggregation of deposit money banks and specific monetary institutions. Similarly, data of other financial corporations could be substituted by data of other financial institutions before 2005.

2.12 2 外资银行资产负债表（负债）
Balance Sheet of Foreign-funded Banks (Liabilities)

单位：亿元
Unit: 100 Million Yuan

	对非金融机构及住户负债 Liabilities to Non-financial Institutions & Households	纳入广义货币的存款 Deposits Included in Broad Money	企业活期存款 Demand Deposits of Enterprises	企业定期存款 Time Deposits of Enterprises	居民储蓄存款 Household Savings Deposits	不纳入广义货币的存款 Deposits Excluded from Broad Money	可转让存款 Transferable Deposits	其他存款 Other Deposits	其他负债 Other Liabilities	对中央银行负债 Liabilities to Central Bank
2011	12202.2	9787.7	2610.7	5419.7	1757.2	2414.6	1091.4	1323.1	0.0	3.5
2012	13072.2	10670.7	2912.6	5823.0	1935.2	2401.5	1209.5	1192.0	0.0	8.6
2013.03	14140	11215	2451	6815	1949	2558	1256	1301	368	23
2013.06	13595	10779	2311	6495	1973	2427	1258	1169	389	5
2013.09	13960	11162	2107	7074	1981	2426	1190	1236	372	15
2013.12	15108	12120	2887	7193	2040	2426	1158	1268	561	1
2014.03	15016	12169	2471	7635	2063	2436	1122	1314	411	2
2014.06	15124	12220	2597	7574	2049	2556	1189	1367	348	1
2014.09	15007	12087	2326	7761	2001	2509	1171	1338	410	2
2014.12	15731	12685	3315	7440	1930	2621	1249	1372	424	2
2015.03	14266	11235	2677	6765	1793	2520	1218	1302	511	125
2015.06	14079	10899	2883	6345	1671	2506	1291	1216	674	2
2015.09	13844	10738	2773	6375	1589	2555	1389	1166	552	4
2015.12	14593	11213	3751	5958	1504	2774	1563	1211	605	5
2016.03	13684	10315	2990	5922	1402	2811	1529	1282	558	34
2016.06	14452	10781	3472	5955	1354	3047	1592	1456	624	180
2016.09	15131	11473	3199	6947	1328	3200	1645	1554	458	274
2016.12	17153	12731	4425	6996	1310	3478	1845	1633	945	168
2017.03	16241	12213	3637	7304	1272	3384	1796	1588	644	217
2017.06	16384	12319	3873	7185	1261	3361	1800	1561	704	334
2017.09	17066	12639	3660	7730	1249	3351	1717	1635	1076	259
2017.12	18357	13802	4886	7645	1270	3373	1761	1612	1182	284
2018.03	17732	12909	3876	7786	1247	3211	1668	1543	1612	91
2018.06	17378	12865	4152	7499	1214	3336	1777	1559	1177	226
2018.09	17468	12701	3650	7805	1247	3347	1749	1598	1420	82
2018.12	18386	13700	4837	7565	1298	3461	1876	1586	1225	144

2.12 2 外资银行资产负债表（负债）
Balance Sheet of Foreign-funded Banks (Liabilities)

单位：亿元
Unit: 100 Million Yuan

	对其他存款性公司负债* Liabilities to Other Depository Corporations*	对其他金融性公司负债* Liabilities to Other Financial Corporations*	计入广义货币的存款 Deposits Included in Broad Money	国外负债 Foreign Liabilities	债券发行 Bonds Issue	实收资本 Paid-in Capital	其他负债 Other Liabilities	总负债 Total Liabilities
2011	1617.6	542.0	—	4148.2	11.1	1622.5	3236.7	23383.7
2012	2571.0	817.4	—	4082.5	7.2	1941.3	2082.1	24582.4
2013.03	2749	826	657	3673	61	1532	1923	24927
2013.06	1461	694	552	4036	111	1510	1719	23130
2013.09	1447	692	551	4638	112	1514	1689	24067
2013.12	1227	736	552	5268	81	1586	1799	25805
2014.03	1564	647	520	6023	80	1618	2120	27070
2014.06	1874	597	452	5803	81	1635	2067	27181
2014.09	1624	638	460	5971	86	1661	2248	27236
2014.12	1785	709	512	6057	115	1654	2092	28143
2015.03	1856	923	699	5361	193	1637	2205	26566
2015.06	1973	1101	877	5593	154	1705	2293	26900
2015.09	2038	1386	1155	4856	156	1710	2580	26574
2015.12	2019	1524	1315	4241	257	1744	3301	27684
2016.03	2484	1632	1484	3905	318	1748	2385	26191
2016.06	2313	1449	1293	3927	202	1781	3004	27308
2016.09	2474	1247	1037	3384	197	1758	3050	27515
2016.12	2611	1241	1027	3247	184	1761	5305	31670
2017.03	2768	1020	879	3239	199	1762	10390	35836
2017.06	2932	896	718	4078	200	1763	11574	38160
2017.09	2705	912	763	4779	222	1766	12521	40230
2017.12	2612	941	772	4884	226	1835	13344	42483
2018.03	3137	903	772	4735	208	1830	14164	42800
2018.06	2832	1043	936	5073	323	1835	14263	42972
2018.09	2884	1100	938	5011	446	1873	14977	43840
2018.12	2342	1116	1004	4904	549	1878	14858	44177

* 见第 45 页脚注。
* See footnote on page 45.

2.13 1 农村信用社资产负债表（资产）
Balance Sheet of Rural Credit Cooperatives (Assets)

单位：亿元
Unit: 100 Million Yuan

	国外资产 Foreign Assets	储备资产 Reserve Assets			对政府债权 Claims on Government	对中央银行债权 Claims on Central Bank
			准备金存款 Deposits with Central Bank	库存现金 Cash in Vault		
2011	5.8	12399.6	11568.7	830.9	731.8	140.8
2012	5.1	13245.1	12391.7	853.4	537.3	58.3
2013.03	4	11906	10944	961	519	136
2013.06	4	11604	10646	958	506	114
2013.09	4	11803	10790	1012	518	80
2013.12	3	13855	12997	858	632	88
2014.03	4	12113	11154	959	690	72
2014.06	4	12664	11726	939	675	69
2014.09	4	12798	11877	921	684	75
2014.12	3	14985	14116	870	654	84
2015.03	3	12182	11168	1014	595	117
2015.06	3	11644	10776	868	659	62
2015.09	4	11488	10576	912	988	61
2015.12	3	14570	13846	723	1217	5
2016.03	3	9698	8894	804	1207	0
2016.06	4	10520	9810	709	1294	0
2016.09	4	10111	9394	717	1255	0
2016.12	4	11574	10989	585	1350	0
2017.03	4	8757	8109	648	1321	0
2017.06	4	9656	9064	592	1396	0
2017.09	4	9459	8865	594	1502	0
2017.12	4	11275	10776	499	1545	0
2018.03	4	9798	9208	590	1528	0
2018.06	3	10021	9514	506	1505	0
2018.09	7	9846	9282	564	1621	0
2018.12	7	11289	10881	408	1627	0

注：自 2008 年起，本表项目中原“央行债券”更名为“对中央银行债权”。
Note: Since 2008, the item of “Central Bank Bonds” has been renamed as “Claims on Central Bank”.

2.13 1 农村信用社资产负债表（资产）
Balance Sheet of Rural Credit Cooperatives (Assets)

单位：亿元
Unit: 100 Million Yuan

	对其他存款性公司债权 * Claims on Other Depository Corporations*	对其他金融性公司债权 * Claims on Other Financial Corporations*	对非金融性公司债权 Claims on Non-financial Corporations	对其他居民部门债权 Claims on Other Resident Sectors	其他资产 Other Assets	总资产 Total Assets
2011	10755.3	1146.7	18528.0	20204.4	3687.5	67599.9
2012	13677.0	1803.9	19629.5	20887.8	4004.1	73848.1
2013.03	18789	2163	20866	21942	3901	80225
2013.06	17522	1767	21260	22732	3958	79465
2013.09	17652	1876	21580	22982	4276	80771
2013.12	16287	1837	21754	22226	4069	80752
2014.03	22299	2277	22354	22891	4375	87074
2014.06	21577	2487	22912	23526	4369	88285
2014.09	21180	2356	22878	23415	4499	87889
2014.12	18939	2378	22918	22443	4273	86677
2015.03	24671	2433	23309	22420	4537	90267
2015.06	24024	3259	23467	22583	4427	90128
2015.09	24133	3063	23748	22361	4419	90266
2015.12	19771	2710	22692	20729	4249	85946
2016.03	27003	2984	21914	20485	4559	87853
2016.06	25248	3248	20787	20089	4450	85640
2016.09	24680	3153	19761	19306	4212	82481
2016.12	22290	2642	19471	18259	4160	79750
2017.03	24981	2734	18795	17493	4224	78308
2017.06	23708	2690	18668	17730	4156	78008
2017.09	22618	2480	18428	17369	3820	75680
2017.12	20412	2139	17749	16597	3295	73017
2018.03	21762	2268	17876	16604	3158	72997
2018.06	20486	1874	17553	16671	3054	71168
2018.09	19709	1739	17022	16363	3011	69317
2018.12	16429	1454	15547	15328	2948	64629

* 自 2005 年起，本表采用其他存款性公司和其他金融性公司分类，其机构范围详见第 96 页 [注 1]。2005 年之前，存款货币银行和特定存款机构加总的数据可以替代其他存款性公司数据，其他金融机构的数据可以替代其他金融性公司数据。

* For this sheet, new classification has been adopted since 2005. Please refer to the note 1 on page 96 for the particular institution coverage of other depository corporations and other financial corporations. To keep comparability, the data of other depository corporations before 2005 could be approximately substituted by the aggregation of deposit money banks and specific monetary institutions. Similarly, data of other financial corporations could be substituted by data of other financial institutions before 2005.

2.13 2 农村信用社资产负债表（负债）
Balance Sheet of Rural Credit Cooperatives (Liabilities)

单位：亿元
Unit: 100 Million Yuan

	对非金融机构及住户负债 Liabilities to Non-financial Institutions & Households	纳入广义货币的存款 Deposits Included in Broad Money				不纳入广义货币的存款 Deposits Excluded from Broad Money			其他负债 Other Liabilities	对中央银行负债 Liabilities to Central Bank
			企业活期存款 Demand Deposits of Enterprises	企业定期存款 Time Deposits of Enterprises	居民储蓄存款 Household Savings Deposits		可转让存款 Transferable Deposits	其他存款 Other Deposits		
2011	55846.8	55702.7	10876.7	1914.7	42911.3	7.2	1.0	6.2	136.9	1107.6
2012	59910.6	59740.5	10894.0	2061.7	46829.9	8.4	0.8	7.5	161.7	1212.5
2013.03	64623	64500	11045	2177	51278	8	0	8	114	1082
2013.06	64922	64804	11172	2318	51315	10	1	9	107	1362
2013.09	65111	64982	11188	2344	51450	9	1	9	120	1414
2013.12	65313	65124	11515	2271	51338	8	1	7	180	1341
2014.03	68768	68640	11212	2589	54840	5	0	5	122	1138
2014.06	68973	68854	11406	2890	54558	6	1	5	113	1360
2014.09	67661	67532	11044	2884	53603	9	1	9	120	1525
2014.12	66662	66484	10848	2776	52861	6	0	6	171	1435
2015.03	68223	68104	9895	2927	55282	7	0	7	112	1242
2015.06	67026	66910	10130	3037	53743	7	0	6	109	1390
2015.09	66647	66526	10325	2998	53203	7	1	6	114	1343
2015.12	63807	63630	9916	2559	51155	7	1	7	169	1072
2016.03	64256	64150	9619	2664	51867	6	1	5	101	844
2016.06	62306	62225	10336	2828	49061	5	0	4	76	916
2016.09	59913	59830	10549	2481	46801	5	1	4	78	829
2016.12	57662	57526	10124	2127	45274	6	1	4	130	984
2017.03	56991	56908	9716	2125	45067	6	2	4	77	851
2017.06	56526	56453	10190	2102	44161	4	1	3	69	935
2017.09	55228	55150	10153	2067	42930	4	1	3	74	850
2017.12	52983	52845	9570	1870	41405	5	1	4	133	886
2018.03	53375	53296	9020	1867	42409	1	1	0	78	778
2018.06	51972	51903	9162	1820	40921	1	1	0	69	770
2018.09	50183	50114	8948	1789	39377	0	0	0	69	743
2018.12	46535	46408	7839	1497	37072	0	0	0	127	771

2.13 2 农村信用社资产负债表（负债）
Balance Sheet of Rural Credit Cooperatives (Liabilities)

单位：亿元
Unit: 100 Million Yuan

	对其他存款性公司负债* Liabilities to Other Depository Corporations*	对其他金融性公司负债* Liabilities to Other Financial Corporations*	计入广义货币的存款 Deposits Included in Broad Money	国外负债 Foreign Liabilities	债券发行 Bonds Issue	实收资本 Paid-in Capital	其他负债 Other Liabilities	总负债 Total Liabilities
2011	2652.9	412.6	44.4	0.0	6.0	2353.6	5220.4	67599.9
2012	3492.2	462.8	56.9	0.0	0.0	2428.4	6341.7	73848.1
2013.03	5143	397	69	2	0	2388	6590	80225
2013.06	3788	369	110	0	0	2432	6592	79465
2013.09	4358	468	107	0	0	2420	6999	80771
2013.12	3936	459	90	0	0	2570	7133	80752
2014.03	6915	345	60	0	0	2524	7385	87074
2014.06	7415	334	62	0	0	2550	7654	88285
2014.09	7829	356	71	0	0	2524	7995	87889
2014.12	6698	561	75	0	1	2647	8674	86677
2015.03	8991	418	103	0	1	2518	8873	90267
2015.06	9725	691	126	0	16	2529	8750	90128
2015.09	9800	395	148	0	57	2535	9489	90266
2015.12	7909	508	127	0	18	2566	10066	85946
2016.03	10928	450	177	0	40	2373	8960	87853
2016.06	10452	575	232	0	38	2225	9127	85640
2016.09	9886	446	217	0	60	2129	9218	82481
2016.12	8609	436	147	0	72	2146	9840	79750
2017.03	9085	222	148	0	22	1966	9172	78308
2017.06	8965	180	132	0	31	1947	9424	78008
2017.09	8720	263	134	0	25	1874	8719	75680
2017.12	8076	449	116	0	32	1856	8735	73017
2018.03	8394	339	118	0	34	1781	8296	72997
2018.06	7928	144	124	0	23	1762	8569	71168
2018.09	7778	64	102	0	58	1692	8698	69317
2018.12	7165	170	88	0	10	1585	8392	64629

* 见第 49 页脚注。
* See footnote on page 49.

2.14 1 财务公司资产负债表（资产）
Balance Sheet of Finance Companies (Assets)

单位：亿元
Unit: 100 Million Yuan

	国外资产 Foreign Assets	储备资产 Reserve Assets			对政府债权 Claims on Government	对中央银行债权 Claims on Central Bank
			准备金存款 Deposits with Central Bank	库存现金 Cash in Vault		
2011	90.5	2025.9	2025.9	0.0	131.5	1.5
2012	98.9	2222.6	2222.6	0.0	103.7	1.0
2013.03	154	2257	2257	0	96	1
2013.06	135	2468	2468	0	98	1
2013.09	104	2621	2621	0	58	1
2013.12	116	2640	2640	0	56	1
2014.03	124	2665	2665	0	56	1
2014.06	137	2811	2810	0	55	0
2014.09	98	2967	2967	0	51	0
2014.12	152	3015	3015	0	55	0
2015.03	137	2913	2913	0	57	0
2015.06	144	2115	2115	0	62	0
2015.09	188	1982	1982	0	76	0
2015.12	189	2174	2174	0	67	0
2016.03	250	1953	1953	0	61	0
2016.06	282	2060	2060	0	77	1
2016.09	270	2305	2305	0	70	70
2016.12	265	3039	3039	0	64	0
2017.03	264	2512	2512	0	68	0
2017.06	255	2535	2535	0	56	0
2017.09	227	2722	2722	0	56	0
2017.12	282	3486	3486	0	58	0
2018.03	206	2800	2800	0	59	0
2018.06	219	3040	3040	1	60	0
2018.09	225	3399	3399	0	69	0
2018.12	222	3577	3577	0	65	0

注：自2008年起，本表项目中原“央行债券”更名为“对中央银行债权”。
Note: Since 2008, the item of “Central Bank Bonds” has been renamed as “Claims on Central Bank”.

2.14 1 财务公司资产负债表（资产）
Balance Sheet of Finance Companies (Assets)

单位：亿元
Unit: 100 Million Yuan

	对其他存款性公司债权* Claims on Other Depository Corporations*	对其他金融性公司债权* Claims on Other Financial Corporations*	对非金融性公司债权 Claims on Non-financial Corporations	对其他居民部门债权 Claims on Other Resident Sectors	其他资产 Other Assets	总资产 Total Assets
2011	5914.8	316.7	8496.9	230.3	544.2	17752.2
2012	6837.6	511.2	9747.8	240.7	244.5	20008.0
2013.03	6678	521	9900	245	265	20117
2013.06	6852	484	10233	261	205	20736
2013.09	7277	530	10801	297	190	21878
2013.12	8890	518	11256	354	183	24014
2014.03	7519	692	11588	387	222	23254
2014.06	8026	943	12078	409	216	24675
2014.09	9557	1027	12244	430	218	26594
2014.12	12141	968	13114	465	239	30149
2015.03	9667	1383	13165	499	272	28092
2015.06	11736	1760	13825	523	292	30457
2015.09	12965	2348	14203	571	288	32622
2015.12	17973	2343	15393	684	339	39161
2016.03	13905	2537	16386	755	310	36158
2016.06	14772	2439	17529	818	298	38275
2016.09	15548	2971	17896	918	265	40243
2016.12	19733	2584	18947	1059	291	45982
2017.03	15357	2808	19894	1040	315	42258
2017.06	15401	3133	21297	1056	308	44039
2017.09	16894	3846	22064	1120	316	47246
2017.12	23390	3748	23195	1239	356	55755
2018.03	17504	3173	24431	1283	369	49824
2018.06	18698	3886	25149	1306	393	52751
2018.09	20907	4815	25808	1369	434	57026
2018.12	25376	3666	27334	1468	468	62177

* 自 2005 年起，本表采用其他存款性公司和其他金融性公司分类，其机构范围详见第 96 页 [注 1]。2005 年之前，存款货币银行和特定存款机构加总的数据可以替代其他存款性公司数据，其他金融机构的数据可以替代其他金融性公司数据。

* For this sheet, new classification has been adopted since 2005. Please refer to the note 1 on page 96 for the particular institution coverage of other depository corporations and other financial corporations. To keep comparability, the data of other depository corporations before 2005 could be approximately substituted by the aggregation of deposit money banks and specific monetary institutions. Similarly, data of other financial corporations could be substituted by data of other financial institutions before 2005.

2.14 2 财务公司资产负债表（负债）
Balance Sheet of Finance Companies (Liabilities)

单位：亿元
Unit: 100 Million Yuan

	对非金融机构及住户负债 Liabilities to Non-financial Institutions & Households	纳入广义货币的存款 Deposits Included in Broad Money	企业活期存款 Demand Deposits of Enterprises	企业定期存款 Time Deposits of Enterprises	居民储蓄存款 Household Savings Deposits	不纳入广义货币的存款 Deposits Excluded from Broad Money	可转让存款 Transferable Deposits	其他存款 Other Deposits	其他负债 Other Liabilities	对中央银行负债 Liabilities to Central Bank
2011	13494.1	12980.6	7130.3	5850.1	0.2	506.4	427.8	78.7	7.1	61.5
2012	15451.0	15141.0	7726.1	7414.6	0.2	302.6	236.1	66.5	7.5	97.2
2013.03	15495	15210	7565	7645	0	278	206	71	7	112
2013.06	16079	15788	7059	8729	0	284	199	85	7	97
2013.09	17069	16787	7388	9399	0	276	198	78	7	102
2013.12	18861	18543	9519	9024	0	309	250	59	9	116
2014.03	17831	17528	8059	9463	6	295	228	68	8	111
2014.06	19034	18698	9069	9623	6	329	226	102	8	112
2014.09	20905	20576	9912	10658	5	322	196	125	8	106
2014.12	23943	23486	12739	10743	5	446	322	125	11	113
2015.03	21364	20741	9755	10983	4	613	475	137	9	123
2015.06	23648	23147	11970	11174	3	492	330	162	9	110
2015.09	25909	25319	12356	12961	2	581	364	217	9	110
2015.12	31549	30872	17150	13720	2	667	489	178	11	125
2016.03	28440	27798	13876	13920	2	633	451	182	9	118
2016.06	30266	29579	14851	14726	2	679	439	240	9	124
2016.09	32132	31278	15006	16269	2	847	528	319	8	143
2016.12	37338	36203	19687	16514	2	1124	865	259	11	186
2017.03	33082	32111	15309	16799	3	962	682	279	9	158
2017.06	34184	33179	16572	16603	4	984	713	271	21	182
2017.09	37391	36370	17604	18762	4	988	680	308	33	176
2017.12	45515	44086	23909	20172	5	1416	992	424	14	205
2018.03	39022	37979	17102	20872	5	1030	643	387	13	173
2018.06	41590	40611	19261	21344	6	952	608	344	27	175
2018.09	45695	44717	20866	23843	7	950	535	415	29	195
2018.12	50446	49222	27699	21516	7	1205	760	446	18	302

2.14 2 财务公司资产负债表（负债）
Balance Sheet of Finance Companies (Liabilities)

单位：亿元
Unit: 100 Million Yuan

	对其他存款性公司负债* Liabilities to Other Depository Corporations*	对其他金融性公司负债* Liabilities to Other Financial Corporations*	计入广义货币的存款 Deposits Included in Broad Money	国外负债 Foreign Liabilities	债券发行 Bonds Issue	实收资本 Paid-in Capital	其他负债 Other Liabilities	总负债 Total Liabilities
2011	793.2	68.6	52.0	0.0	321.6	1500.3	1513.0	17752.2
2012	809.1	65.2	55.5	0.0	152.8	1891.1	1541.6	20008.0
2013.03	691	54	45	0	153	1965	1647	20117
2013.06	622	44	35	0	153	2085	1657	20736
2013.09	465	52	40	0	161	2333	1696	21878
2013.12	556	59	47	0	161	2447	1813	24014
2014.03	558	71	57	0	161	2549	1972	23254
2014.06	635	56	51	0	163	2656	2018	24675
2014.09	509	40	35	0	110	2754	2168	26594
2014.12	617	64	36	8	189	2878	2337	30149
2015.03	683	98	63	15	189	3004	2617	28092
2015.06	585	117	84	35	190	3097	2675	30457
2015.09	339	148	113	33	190	3284	2608	32622
2015.12	647	200	105	31	191	3604	2814	39161
2016.03	587	132	102	26	191	3733	2930	36158
2016.06	732	139	96	19	190	3798	3007	38275
2016.09	530	136	100	16	186	3996	3104	40243
2016.12	525	144	110	14	206	4299	3270	45982
2017.03	634	178	139	10	226	4530	3438	42258
2017.06	893	371	160	6	197	4716	3491	44039
2017.09	569	319	174	6	192	4907	3686	47246
2017.12	655	253	151	9	95	5129	3893	55755
2018.03	832	271	176	10	86	5217	4213	49824
2018.06	939	267	171	24	79	5368	4309	52751
2018.09	809	305	215	23	78	5472	4448	57026
2018.12	755	264	148	25	77	5615	4694	62177

* 见第 53 页脚注。
* See footnote on page 53.

3.1 金融统计数据报告

2018 年金融统计数据报告

一、2018 年社会融资规模增量为 19.26 万亿元

初步统计，2018年社会融资规模增量累计为19.26万亿元，比上年同期少3.14万亿元。其中，对实体经济发放的人民币贷款增加15.67万亿元，同比多增1.83万亿元；对实体经济发放的外币贷款折合人民币减少4201亿元，同比多减4219亿元；委托贷款减少1.61万亿元，同比多减2.38万亿元；信托贷款减少6901亿元，同比多减2.95万亿元；未贴现的银行承兑汇票减少6343亿元，同比多减1.17万亿元；企业债券净融资2.48万亿元，同比多2.03万亿元；地方政府专项债券净融资1.79万亿元，同比少2110亿元；非金融企业境内股票融资3606亿元，同比少5153亿元。12月社会融资规模增量为1.59万亿元，比上年同期多33亿元。

从结构看，2018 年对实体经济发放的人民币贷款占同期社会融资规模的 81.4%，同比高 19.6 个百分点；对实体经济发放的外币贷款折合人民币占比为 -2.2%，同比低 2.2 个百分点；委托贷款占比为 -8.3%，同比低 11.8 个百分点；信托贷款占比为 -3.6%，同比低 13.7 个百分点；未贴现的银行承兑汇票占比为 -3.3%，同比低 5.7 个百分点；企业债券占比为 12.9%，同比高 10.9 个百分点；地方政府专项债券占比为 9.3%，同比高 0.4 个百分点；非金融企业境内股票融资占比为 1.9%，同比低 2 个百分点。

二、广义货币增长 8.1%，狭义货币增长 1.5%

12月末，广义货币(M2)余额182.67万亿元,同比增长8.1%，增速比上月末高0.1个百分点，与上年同期持平；狭义货币(M1)余额55.17万亿元，同比增长1.5%，增速与上月末持平，比上年同期低10.3个百分点；流通中货币(M0)余额7.32万亿元,同比增长3.6%。2018年净投放现金2563亿元。

三、2018 年人民币贷款增加 16.17 万亿元，外币贷款减少 431 亿美元

12 月末，本外币贷款余额 141.75 万亿元，同比增长 12.9%。12 月末，人民币贷款余额 136.3 万亿元，同比增长 13.5%，增速比上年同期高 0.8 个百分点。

2018 年人民币贷款增加 16.17 万亿元，同比多增 2.64 万亿元。分部门看，住户部门贷款增加 7.36 万亿元；非金融企业及机关团体贷款增加 8.31 万亿元，其中，短期贷款增加 4982 亿元，中长期贷款增加 5.6 万亿元，票据融资增加 1.89 万亿元；非银行业金融机构贷款增加 4401 亿元。12 月，人民币贷款增加 1.08 万亿元，同比多增 4995 亿元。

12 月末，外币贷款余额 7948 亿美元，同比下降 5.2%。2018 年外币贷款减少 431 亿美元。

四、2018 年人民币存款增加 13.4 万亿元，外币存款减少 634 亿美元

12 月末，本外币存款余额 182.52 万亿元，同比增长 7.8%。12 月末，人民币存款余额 177.52 万亿元，同比增长 8.2%，增速比上年同期低 0.8 个百分点。

2018 年人民币存款增加 13.4 万亿元，同比少增 1071 亿元。其中，住户存款增加 7.2 万亿元；非金融企业存款增加 2.16 万亿元；财政性存款减少 596 亿元；非银行业金融机构存款增加 1.96 万亿元。12 月，人民币存款增加 916 亿元，同比多增 8845 亿元。

12 月末，外币存款余额 7275 亿美元，同比下降 8%。2018 年外币存款减少 634 亿美元。

五、12 月银行间人民币市场同业拆借月加权平均利率为 2.57%，质押式债券回购月加权平均利率为 2.68%

2018年银行间人民币市场以拆借、现券和回购方式合计成交1012.71万亿元，日均成交4.02万亿元，日均成交比上年同期增长26.4%。

12月，同业拆借加权平均利率为2.57%，比上月末高0.08个百分点；质押式回购加权平均利率为2.68%，比上月末高0.22个百分点。

六、国家外汇储备余额 3.07 万亿美元

12 月末，国家外汇储备余额为 3.07 万亿美元。12 月末，人民币汇率为 1 美元兑 6.8632 元人民币。

七、2018 年跨境贸易人民币结算业务发生 5.11 万亿元，直接投资人民币结算业务发生 2.66 万亿元

2018 年，以人民币进行结算的跨境货物贸易、服务贸易及其他经常项目、对外直接投资、外商直接投资分别发生 3.66 万亿元、1.45 万亿元、8048.1 亿元、1.86 万亿元。

注 1：社会融资规模是指实体经济从金融体系获得的资金。其中，增量指标是指一定时期内（每月、每季度或每年）获得的资金额，存量指标是指一定时期末（月末、季度末或年末）获得的资金余额。

注 2：社会融资规模统计数据来源于中国人民银行、中国银行保险监督管理委员会、中国证券监督管理委员会、中央国债登记结算有限责任公司和中国银行间市场交易商协会等。

注 3：社会融资规模中的本外币贷款是指一定时期内实体经济从金融体系获得的人民币和外币贷款，不包含银行业金融机构拆放给非银行业金融机构的款项和境外贷款。

注 4：从 2018 年 7 月起，人民银行完善社会融资规模统计方法，将“存款类金融机构资产支持证券”和“贷款核销”纳入社会融资规模统计。从 2018 年 12 月起，人民银行将“地方政府专项债券”纳入社会融资规模统计。地方政府专项债券按照债权债务在托管机构登记日统计。

3.1 Financial Statistics Data Report

Report on Financial Statistics in 2018

1. China's aggregate financing to the real economy (AFRE, flow) amounted to 19.26 trillion yuan in 2018

According to preliminary statistics, AFRE(flow) reached 19.26 trillion yuan in 2018, 3.14 trillion yuan less than that in the same period of the previous year. In particular, new RMB loans to the real economy increased by 15.67 trillion yuan, up 1.83 trillion yuan year on year; new foreign currency-denominated loans to the real economy decreased by 420.1 billion yuan, down 421.9 billion yuan year on year; new entrusted loans decreased by 1.61 trillion yuan, down 2.38 trillion yuan year on year; new trust loans decreased by 690.1 billion yuan, down 2.95 trillion yuan year on year; undiscounted banker's acceptances decreased by 634.3 billion yuan, down 1.17 trillion yuan year on year; new net bond financing of enterprises rose 2.48 trillion yuan, up 2.03 trillion yuan year on year; net local government special bonds rose 1.79 trillion yuan, down 211 billion yuan year on year; financing by domestic non-financial companies via the domestic stock market was 360.6 billion yuan, down 515.3 billion yuan year on year. In December, the AFRE(flow) was 1.59 trillion yuan, down 3.3 billion yuan year on year.

From a structural point of view, new RMB loans to the real economy accounted for 81.4 percent in the AFRE(flow), up 19.6 percentage points year on year; new foreign currency-denominated loans to the real economy accounted for minus 2.2 percent, down 2.2 percentage points year on year; new entrusted loans accounted for minus 8.3 percent, down 11.8 percentage points year on year; new trust loans accounted for minus 3.6 percent, down 13.7 percentage points year on year; new undiscounted banker's acceptances accounted for minus 3.3 percent, down 5.7 percentage points year on year; new net bond financing of enterprises accounted for 12.9 percent, up 10.9 percentage points year on year; net local government special bonds accounted for 9.3 percent, up 0.4 percentage point year on year; financing by domestic non-financial companies via the domestic stock market accounted for 1.9 percent, down 2 percentage points year on year.

2. Broad money (M2) and narrow money (M1) rose by 8.1 percent and 1.5 percent respectively

At end-December, broad money (M2) stood at 182.67 trillion yuan, increased by 8.1 percent year on year, up 0.1 percentage point from a month earlier and the same as last year. Narrow money (M1) registered 55.17 trillion yuan, increased by 1.5 percent year on year, the same as a month earlier and down 10.3 percentage points year on year. Currency in circulation (M0) was 7.32 trillion yuan, increased by 3.6 percent year on year. In 2018, saw a net money injection of 256.3 billion yuan.

3. RMB loans increased by 16.17 trillion yuan and foreign currency loans decreased by US$43.1 billion respectively in 2018

At end-December, outstanding RMB and foreign currency loans registered 141.75 trillion yuan, up 12.9 percent year on year. Outstanding RMB loans grew by 13.5 percent year on year to 136.3 trillion yuan, up 0.8 percentage point year on year.

RMB loans increased by 16.17 trillion yuan in 2018, up 2.64 trillion yuan year on year. By sector, household loans increased by 7.36 trillion yuan; loans to non-financial enterprises and other sectors increased by 8.31 trillion yuan, with short-term loans increased by 498.2 billion yuan, and medium-and long-term (MLT) loans increased by 5.6 trillion yuan, bill financing increased by 1.89 trillion yuan; loans to non-banking financial institutions increased by 440.1 billion yuan. In December, RMB loans increased by 1.08 trillion yuan, 499.5 billion yuan more than the growth in the same period of last year.

At end-December, outstanding foreign currency loans registered US$794.8 billion, down 5.2 percent year on year. In 2018, foreign currency loans decreased by US$43.1 billion.

4. RMB deposits increased by 13.4 trillion yuan and foreign currency deposits decreased by US$63.4 billion in 2018

At end-December, the outstanding amount of RMB and foreign currency deposits registered 182.52 trillion yuan, up 7.8 percent year on year. RMB deposits registered 177.52 trillion yuan, increased by 8.2 percent year on year, down 0.8 percentage point year on year.

RMB deposits expanded by 13.4 trillion yuan in 2018, 107.1 billion yuan less than that recorded for the same period of last year. By sector, household deposits increased by 7.2 trillion yuan; deposits of non-financial enterprises increased by 2.16 trillion yuan; fiscal deposits decreased by 59.6 billion yuan; deposits of non-banking financial institutions increased by 1.96 trillion yuan. In December, RMB deposits increased by 91.6 billion yuan, up 884.5 billion yuan year on year.

At end-December, the outstanding amount of foreign currency deposits was US$727.5 billion, down 8 percent year on year. Foreign currency deposits decreased by US$63.4 billion in 2018.

5. The monthly weighted average interbank lending rate for December stood at 2.57 percent and the monthly weighted average interest rate on bond pledged repo stood at 2.68 percent

In 2018, lending, spot trading and bond repo transactions in the interbank RMB market totaled 1012.71 trillion yuan. The average daily turnover was 4.02 trillion yuan, up 26.4 percent year on year.

The monthly weighted average interbank lending rate for December stood at 2.57 percent, up 0.08 percentage point from the previous month. The monthly weighted average interest rate on bond pledged repo registered 2.68 percent, up 0.22 percentage point from the previous month.

6. Official foreign exchange reserves stood at US$3.07 trillion

At end-December, China's foreign exchange reserves stood at US$3.07 trillion and the RMB exchange rate was 6.8632 yuan per US dollar.

7. RMB cross-border trade settlement and RMB settlement of direct investment reached 5.11 trillion yuan and 2.66 trillion yuan respectively in 2018

In 2018,RMB settlement in cross-border trade in goods, cross-border trade in services and other current accounts, outward FDI and inward FDI amounted to 3.66 trillion yuan, 1.45 trillion yuan, 804.81 billion yuan and 1.86 trillion yuan respectively.

Note 1: AFRE refers to the volume of financing provided by the financial system to the real economy, in which, AFRE (flow) is the total volume that the real economy getting during a certain period of time (monthly, quarterly or annually), AFRE (stock) refers to the outstanding of financing provided by the financial system to the real economy at the end of a period (monthly, quarterly or annually).

Note 2: Data were from the PBC, CBIRC, CSRC, CCDC and NAFMII.

Note 3: RMB loans and foreign currency loans in AFRE refer to those issued to the real economy by the financial system during a certain period of time, barring the funds lended to non-bank financial institutions by the banking financial institutions.

Note 4: Since July 2018, the People's Bank of China improved the statistical method of AFRE, and has incorporated "Asset-backed Securities of Depository Financial Institutions" and "Loans Written off" into AFRE. Since December 2018, the People's Bank of China has incorporated "Local government special bonds" into AFRE. "Local government special bonds" is recorded when claims and obligations registered.

3.2 景气状况分析：2018 年四季度
Business Climate Analysis: 2018 Q4

企业经营状况总体回落
Business Conditions of Enterprises Declined

第 110 次企业家问卷调查[1]统计显示，2018 年四季度，企业家宏观经济热度指数和信心指数有所下降；企业国内订单指数季节性回升，对美出口企业出口订单预期指数下降；企业固定资产投资指数有所下降。

企业景气指数*[2]为 57.9%，比上季度上升 1.0 个百分点（见企业景气指数趋势图）。

调查的27个行业中，企业景气指数高于全国平均水平的有11个行业，分别为：（1）石油加工炼焦业；（2）医药制造业；（3）非金属矿物品业；（4）黑色金属冶炼及压延加工业；（5）塑料制品业；（6）仪器仪表业；（7）食饮烟业；（8）石油和天然气开采业；（9）煤炭采选业；（10）造纸及纸制品；（11）金属矿采选业。

According to the result of the 110th Entrepreneur's Questionnaire Survey[1], in 2018 Q4, Indices of Macro-economy and Market Order declined. Index of Domestic Orders rose seasonally, confidence for oversea orders of enterprises exported to United States declined. Index of Fixed Assets Investment Expenditure dropped.

The Climate Index of Enterprises*[2] decreased to 57.9%, up by 1.0 percentage point from the previous quarter (See the tendency chart of enterprises climate index).

The climate indices of 11 industries out of 27 surveyed industries surpassed the national average, which includes: (1) Petroleum Processing and Coking Products; (2) Medical and Pharmaceutical Products; (3) Nonmetal Mineral Products; (4) Smelting and Pressing of Ferrous Metals; (5) Plastic Products; (6) Instruments and Meters Machinery; (7) Manufacture of Food, Beverage and Tobacco; (8) Petroleum and Natural Gas Extraction; (9) Coal Mining and Dressing; (10) Papermaking and Paper Products; (11)Metals Mining and Dressing.

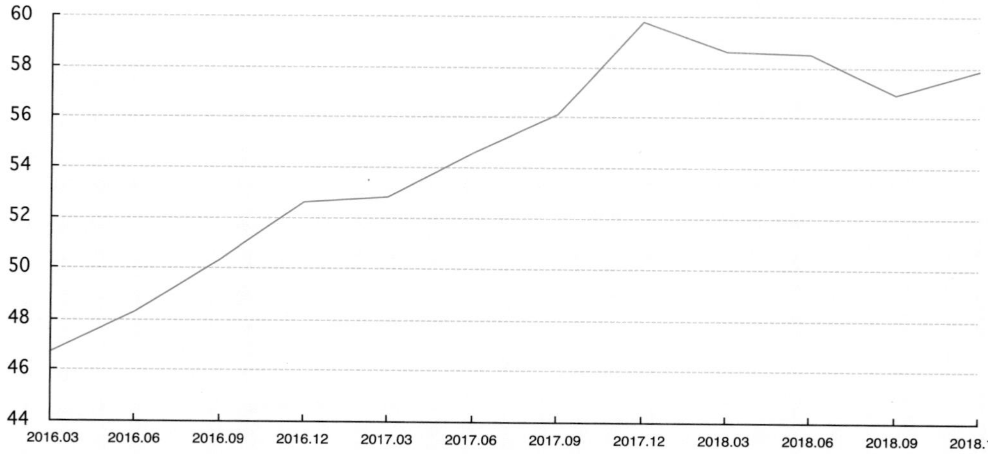

企业景气指数趋势图
The Trend of Climate Index of Enterprises

① 始自 1992 年的中国人民银行企业家问卷调查系统，截至 2018 年四季度已连续进行了 110 次调查。2018 年四季度企业家问卷调查，共汇总有效问卷 5000 余份。
① The PBC Entrepreneurs Questionnaire Survey System started as of 1992 and this is the 110th Questionnaire Survey conducted in 2018 Q4. There are more than 5000 effective questionnaires for this quarter.
② 景气指数又称扩散指数（DI），是对景气调查中定性指标的量化描述，用于反映该指标所处的状态，以 % 为单位（百分化以后），其数值为 0 ~ 100。一般而言，指数上升可反映企业经营环境在改善，企业家的信心在增强，指数下降则相反。
② Climate Index of Diffusion Index (DI), is a quantitative indicator for qualitative answers to questions in the questionnaire, which is used to explain the status of the qualitative questions. Measured in percent, the index ranges from 0 to 100. Generally speaking, it shows that business condition is improving and entrepreneurs' confidence turns upward when DI ascends, and vice versa.
* 原称为"企业总体经营指数"，也称"企业经营景气指数"。
* The former name of the "Climate Index of Enterprises" is the "General Business Condition Index".

3.3 宏观经济 Macroeconomics

2018 年四季度宏观经济运行监测

China's Macroeconomic Performance in 2018 Q4

2018 年四季度工业生产增速逐季回落。投资和消费增长趋缓。进出口增长逐季趋缓，贸易顺差收窄。CPI 涨势温和，上游价格涨幅回落。财政收支平稳增长。总体来看，预计未来经济增长稳中趋缓。

经济稳中趋缓，宏观经济热度回落。2018 年经济增长 6.6%，比上年低 0.2 个百分点，四季度同比增长 6.4%，增速分别比上季度和上年同期低 0.1 个和 0.3 个百分点。四季度，企业家宏观经济热度指数为 35.4%，分别比上季度和上年同期低 1.8 个和 3.2 个百分点。企业家宏观经济信心指数为 67.8%，分别比上季度和上年同期低 3.3 个和 4 个百分点。

工业生产逐季回落，企业经济效益增势放缓。2018 年，全国规模以上工业增加值同比增长 6.2%，增速比前三个季度低 0.2 个百分点，比上年低 0.4 个百分点。发电量同比增长 6.8%，增速比前三个季度低 0.6 个百分点，比上年高 1.1 个百分点。全国规模以上工业企业实现利润总额 66351.4 亿元，同比增长 10.3%，增速比前三个季度低 4.4 个百分点，比上年低 10.7 个百分点。

固定资产投资和消费增长趋缓。2018 年，固定资产投资（不含农户）完成 635636 亿元，名义同比增长 5.9%，增速比前三个季度高 0.5 个百分点，比上年低 1.3 个百分点。其中，房地产开发投资 120264 亿元，名义同比增长 9.5%。2018 年，社会消费品零售总额 380987 亿元，名义同比增长 9%，增速比前三个季度低 0.3 个百分点，比上年低 1.2 个百分点；实际增长 6.9%，增速比前三个季度低 0.4 个百分点，比上年低 2.1 个百分点。

进出口增长逐季趋缓，贸易顺差收窄。2018 年，进出口同比增长 12.6%，增速比前三个季度低 3.2 个百分点，比上年高 1.2 个百分点。其中，出口同比增长 9.9%，增速比前三个季度低 2.3 个百分点，比上年高 2 个百分点；进口同比增长 15.8%，增速比前三个季度低 4.4 个百分点，比上年低 0.3 个百分点。全年贸易顺差 3518 亿美元，同比收窄 16.2%。

CPI 涨势温和，上游价格涨幅回落。2018 年 CPI 同比涨幅总体呈现温和趋势，全年 CPI 上涨 2.1%，比上年高 0.5 个百分点，与前三个季度持平。12 月，CPI 同比上涨 1.9%，环比与上月持平。PPI 全年涨幅为 3.5%，比上年低 2.8 个百分点。12 月，PPI 同比涨幅为 0.9%，比上月低 1.8 个百分点；环比涨幅为 −1%，比上月低 0.8 个百分点。12 月，人民银行监测的 CGPI 同比涨幅为 0.3%，比上月低 1.5 个百分点；环比涨幅为 −0.9%，比上月低 0.3 个百分点。CGPI 全年涨幅为 3%，比上年低 3.8 个百分点。

财政收支平稳增长。2018 年，全国财政收入 183352 亿元，按可比口径同比增长 6.2%，增速比上年低 1.2 个百分点，其中税收收入 156401 亿元，增长 8.3%。全国财政支出 220906 亿元，按可比口径增长 8.7%，增速比上年高 1.1 个百分点。2018 年，全国财政收支赤字为 37554 亿元，比上年多 7061 亿元。

在当前形势下，应在稳健货币政策的总基调下，综合运用数量型和价格型货币政策工具调控流动性，密切关注经济形势和就业形势的变化，增强货币政策的灵活性和前瞻性，促进国民经济持续健康发展。

In the forth quarter of 2018, the growth rate of industrial production slowed down quarter by quarter. Growth in fixed asset investment and consumption both slowed down. Growth in exports and imports was lower quarter by quarter and the trade surplus narrowed. Inflationary pressure was alleviated, and prices for upstream goods were fallen after a rise. Growth in fiscal revenue and fiscal expenditure grew stabile. In general, economic growth will keep stable in the future.

The economic was stable and slow, and macroeconomic activity index slowed down. The GDP grew 6.6% on a year-on-year basis in 2018, when measured in constant prices, 0.2 percentage point less than 2017. 2018 Q4 witnessed a GDP growth of 6.4% on a year-on-year basis, down 0.1 and 0.3 percentage point compared to the previous quarter and the corresponding period of last year, respectively. The entrepreneur macroeconomic activity index was 35.4% in 2018 Q4, down 1.8 and 3.2 percentage points compared to the previous quarter and the corresponding period of last year, respectively. Entrepreneur confidence index was 67.8%, down 3.3 and 4 percentage points compared to the previous quarter and the corresponding period of last year, respectively.

Growth in industrial production slowed down quarter by quarter, and profitability of enterprises grew slowly. The value-added of statistically large enterprises grew 6.2% on a year-on-year basis in 2018, down 0.2 and 0.4 percentage point compared to 2018 Q1-Q3 and 2017 respectively. Power generation rised by 6.8% on a year-on-year basis in 2018, down 0.6 percentage point compared to 2018 Q1-Q3, and up 1.1 percentage points compared to 2017. The profits of statistically large enterprises posted 6.64 trillion yuan in 2018, grew 10.3% on a year-on-year basis. Growth rate in profits was 4.4 percentage points lower compared to 2018 Q1-Q3, and 10.7 percentage points lower compared to 2017.

Growth in fixed asset investment (FAI) and consumption slowed down. Fixed asset investment (excluding those from rural households) reached 63.56 trillion yuan in 2018, a year-on-year growth of 5.9% in nominal terms, up 0.5 percentage point compared to 2018 Q1-Q3, and down 1.3 percentage points compared to 2017. Real estate development investment is a part of FAI, and it was 12.03 trillion yuan in 2018, grew 9.5% year on year. Retail sales of consumer goods totaled 38.1 trillion yuan in 2018, with a year-on-year growth of 9% in nominal terms, down 0.3 and 1.2 percentage points compared to 2018 Q1-Q3 and 2017 respectively, and a year-on-year growth of 6.9% in real terms, down 0.4 and 2.1 percentage point compared to 2018 Q1-Q3 and 2017 respectively.

The growth of export and import slowed down quarter by quarter, and the trade surplus narrowed. In 2018, exports and imports grew by 12.6% year on year, down 3.2 percentage points compared to 2018 Q1-Q3, and up 1.2 percentage points compared to 2017. Exports grew by 9.9%, down 2.3 percentage points compared to 2018 Q1-Q3, and up 2 percentage points compared to 2017. Imports grew by 15.8% year on year, down 4.4 and 0.3 percentage points compared to 2018 Q1-Q3 and 2017 respectively. The trade surplus was 351.8 billion USD in 2018, grew -16.2% on a year-on-year basis.

Growth in CPI was stable, and the prices of upstream goods were fallen down. Year-on-year growth in CPI has generally been stable in 2018. CPI grew by 2.1% year on year in 2018, up 0.5 percentage point compared to 2017, the same as 2018 Q1-Q3. CPI grew by 1.9% on a year-on-year basis in December and the month-on-month growth rate was the same as last month. PPI grew by 3.5% on a year-on-year basis in 2018, down 2.8 percentage points compared to 2017. PPI grew by 0.9% on a year-on-year basis in December, down 1.8 percentage points compared to last month, and the month-on-month growth rate was -1%, down 0.8 percentage point compared to last month. CGPI grew by 0.3% on a year-on-year basis in December, down 1.5 percentage points compared to last month, and the month-on-month growth rate was -0.9%, down 0.3 percentage point compared to last month. CGPI grew by 3% year on year in 2018, down 3.8 percentage points compared to 2017.

Fiscal revenue and fiscal expenditure kept growing. Fiscal revenue registered 18.34 trillion yuan in 2018, grew by 6.2% on a year-on-year basis, down 1.2 percentage points compared to 2017. Tax revenue, a major component of fiscal revenue, posted 15.64 trillion yuan, which grew by 8.3% on a year-on-year basis. Fiscal expenditures registered 22.09 trillion yuan, grew by 8.7% on a year-on-year basis, up 1.1 percentage points compared to 2017. Fiscal expenditures was 3.76 trillion yuan more than fiscal revenue in 2018, 0.71 trillion yuan more than the corresponding period of last year.

Against the background, the PBC should continue its sound monetary policy, use appropriate pricing and quantity tools for monetary policy, pay close attention to changes in economy and employment, enhanced flexibility and forward-looking of the monetary policy, in order to realize the sustainable and health development of national economy.

4.1 1 全国银行间同业拆借交易统计表
Statistics of Interbank Lending

单位：亿元，%
Unit: 100 Million Yuan，%

	1天 1-day		7天 7-day		14天 14-day	
	交易量 Trading Volume	加权平均利率 Weighted Average Interest Rate	交易量 Trading Volume	加权平均利率 Weighted Average Interest Rate	交易量 Trading Volume	加权平均利率 Weighted Average Interest Rate
2011	273200		42401		9986	
2012	402814		41934		12068	
2013	289636		44024		11579	
2014	294983		61061		11767	
2015	539953		76974		15305	
2016.01	49988	2.03	5600	2.55	434	2.91
2016.02	43420	2.02	3434	2.48	1543	2.77
2016.03	65639	2.03	6943	2.45	1384	2.64
2016.04	65571	2.06	6011	2.52	742	2.72
2016.05	88884	2.06	8229	2.46	359	2.71
2016.06	86021	2.07	10996	2.47	1172	2.84
2016.07	92190	2.07	9286	2.46	386	2.67
2016.08	94385	2.08	11259	2.47	762	2.64
2016.09	67417	2.16	10116	2.52	3155	2.70
2016.10	46834	2.24	6202	2.58	803	2.74
2016.11	75014	2.29	6409	2.65	885	2.77
2016.12	64399	2.34	8280	2.76	1146	3.13
2017.01	50192	2.22	6982	2.71	1814	3.15
2017.02	62629	2.38	5150	2.93	904	3.30
2017.03	67691	2.51	6244	3.16	1026	3.53
2017.04	53821	2.56	4989	3.18	761	3.41
2017.05	47751	2.79	6267	3.24	729	3.83
2017.06	55703	2.85	6910	3.30	661	3.92
2017.07	48944	2.73	6593	3.26	444	3.80
2017.08	54286	2.88	6633	3.41	613	3.96
2017.09	59760	2.78	7094	3.50	1736	4.07
2017.10	47104	2.71	6327	3.36	416	4.02
2017.11	63922	2.79	7995	3.44	807	3.99
2017.12	68003	2.71	9337	3.46	2838	4.18
2018.01	93171	2.69	10728	3.17	1060	3.89
2018.02	73939	2.61	7741	3.26	1509	3.96
2018.03	103998	2.66	8921	3.39	771	4.00
2018.04	73557	2.67	8430	3.57	487	4.05
2018.05	105699	2.63	8905	3.31	711	3.73
2018.06	87492	2.62	9190	3.51	610	3.88
2018.07	110556	2.39	8821	3.18	563	3.00
2018.08	141082	2.23	8799	3.03	1116	2.76
2018.09	120855	2.52	7417	3.33	2704	3.19
2018.10	107791	2.35	7110	3.20	1021	2.71
2018.11	127077	2.43	8521	3.17	1265	2.73
2018.12	110241	2.46	8361	3.57	1062	3.54

4.1 1 全国银行间同业拆借交易统计表
Statistics of Interbank Lending

单位：亿元，%
Unit: 100 Million Yuan，%

	21天 21-day		1个月 1-month		2个月 2-month	
	交易量 Trading Volume	加权平均利率 Weighted Average Interest Rate	交易量 Trading Volume	加权平均利率 Weighted Average Interest Rate	交易量 Trading Volume	加权平均利率 Weighted Average Interest Rate
2011	2283		2705		1120	
2012	2370		4476		1626	
2013	1828		5070		1034	
2014	899		4665		1237	
2015	1372		4243		1006	
2016.01	60	3.38	552	3.02	113	3.28
2016.02	74	3.10	105	2.99	124	2.87
2016.03	77	3.05	361	2.86	48	2.92
2016.04	50	2.99	295	2.89	112	2.88
2016.05	67	2.81	343	2.69	119	2.98
2016.06	188	2.91	626	2.96	131	2.93
2016.07	105	2.83	357	2.76	96	2.88
2016.08	209	2.57	330	2.63	142	2.84
2016.09	551	2.88	469	2.97	417	2.91
2016.10	264	2.95	444	2.91	238	2.99
2016.11	285	2.98	133	3.03	60	3.24
2016.12	281	4.52	447	3.84	531	4.22
2017.01	588	3.81	687	3.69	428	4.22
2017.02	194	3.68	316	4.15	271	4.34
2017.03	140	4.20	421	4.39	930	4.51
2017.04	63	4.03	466	4.13	447	4.35
2017.05	38	4.20	270	4.13	229	4.67
2017.06	64	4.50	365	4.91	224	5.11
2017.07	69	4.13	365	3.89	207	4.20
2017.08	46	3.93	392	3.67	247	4.24
2017.09	219	4.18	294	4.19	437	4.73
2017.10	22	4.25	216	4.16	449	4.44
2017.11	580	4.10	570	4.03	448	4.70
2017.12	1103	4.03	716	4.80	747	5.22
2018.01	226	4.23	264	4.32	347	4.78
2018.02	319	4.16	309	4.11	445	4.43
2018.03	115	4.68	246	4.48	296	4.75
2018.04	116	4.34	412	3.95	289	4.18
2018.05	180	3.96	984	3.78	349	4.21
2018.06	132	4.60	151	4.35	179	4.84
2018.07	61	3.46	274	3.16	249	3.46
2018.08	121	2.89	521	2.75	289	3.00
2018.09	1243	2.81	381	3.40	750	3.18
2018.10	461	2.76	564	2.90	211	3.07
2018.11	492	2.75	408	2.88	505	3.05
2018.12	674	3.04	524	3.46	296	3.95

4.1 2 全国银行间同业拆借交易统计表
Statistics of Interbank Lending

单位：亿元，%
Unit: 100 Million Yuan，%

	3个月 3-month		4个月 4-month		6个月 6-month	
	交易量 Trading Volume	加权平均利率 Weighted Average Interest Rate	交易量 Trading Volume	加权平均利率 Weighted Average Interest Rate	交易量 Trading Volume	加权平均利率 Weighted Average Interest Rate
2011	1674		351		601	
2012	1170		81		379	
2013	1748		67		119	
2014	1670		60		100	
2015	2445		120		146	
2016.01	214	3.36	35	3.40	96	3.21
2016.02	227	3.20	7	3.17	13	3.19
2016.03	197	2.99	12	3.26	11	3.37
2016.04	109	3.31	0	2.95	14	3.17
2016.05	400	3.19	2	3.33	38	3.05
2016.06	683	3.25	12	3.14	15	3.19
2016.07	117	3.16	12	2.94	15	3.17
2016.08	142	3.10	11	3.01	20	3.03
2016.09	491	2.95	67	3.01	38	3.11
2016.10	362	2.98	41	3.06	52	3.16
2016.11	373	3.26	53	3.17	176	3.16
2016.12	162	4.09	12	3.96	22	4.74
2017.01	199	4.23	34	4.26	51	4.35
2017.02	189	4.51	203	4.47	20	4.53
2017.03	133	4.87	18	4.64	23	4.63
2017.04	129	4.55	11	4.62	39	4.43
2017.05	175	4.86	11	4.70	20	4.96
2017.06	249	5.14	24	5.09	33	4.91
2017.07	158	4.57	11	4.46	36	4.55
2017.08	156	4.66	32	4.47	26	4.71
2017.09	100	4.93	4	4.89	12	4.87
2017.10	206	4.81	58	4.57	22	4.89
2017.11	286	5.18	24	5.12	81	4.86
2017.12	200	5.59	46	5.31	14	5.29
2018.01	232	5.18	90	5.03	77	5.20
2018.02	243	4.88	82	5.05	45	5.17
2018.03	238	5.42	32	5.10	99	5.25
2018.04	802	4.33	145	4.24	133	4.52
2018.05	431	4.51	12	4.73	38	4.70
2018.06	161	5.40	20	4.84	78	4.85
2018.07	463	3.81	71	3.61	76	3.70
2018.08	525	3.46	32	3.47	65	3.56
2018.09	231	4.32	12	3.79	95	3.90
2018.10	929	3.24	571	3.10	135	3.50
2018.11	567	3.59	59	3.38	48	3.94
2018.12	312	4.45	88	3.76	108	3.90

4.1 2 全国银行间同业拆借交易统计表
Statistics of Interbank Lending

单位：亿元，%
Unit: 100 Million Yuan，%

	9个月 9-month		1年 1-year		交易量合计	加权平均利率
	交易量 Trading Volume	加权平均利率 Weighted Average Interest Rate	交易量 Trading Volume	加权平均利率 Weighted Average Interest Rate	Trading Volume	Weighted Average Interest Rate
2011	39		54		334412	
2012	29		97		467044	
2013	2		83		355190	
2014	22		163		376626	
2015	17		553		642135	
2016.01	17	3.43	75	3.30	57184	2.11
2016.02	4	3.28	29	3.44	48977	2.09
2016.03	2	3.44	41	3.23	74714	2.09
2016.04	2	3.29	64	3.14	72971	2.11
2016.05	2	3.16	15	3.47	98458	2.10
2016.06	—	—	4	3.30	99845	2.14
2016.07	4	3.23	3	3.13	102570	2.12
2016.08	—	—	7	3.41	107268	2.13
2016.09	1	3.30	7	3.23	82731	2.25
2016.10	4	3.19	4	3.19	55247	2.30
2016.11	225	3.12	208	3.27	83821	2.33
2016.12	—	—	66	4.55	75345	2.44
2017.01	1	4.25	90	4.67	61066	2.36
2017.02	15	4.31	14	4.60	69905	2.47
2017.03	10	4.65	25	4.64	76661	2.62
2017.04	11	4.67	31	4.78	60767	2.65
2017.05	9	4.97	17	4.36	55514	2.88
2017.06	10	5.20	42	5.26	64285	2.94
2017.07	14	4.81	30	4.89	56871	2.82
2017.08	11	4.86	19	4.85	62461	2.96
2017.09	6	5.01	15	5.34	69678	2.92
2017.10	3	5.01	12	5.04	54835	2.82
2017.11	9	5.08	8	4.86	74730	2.92
2017.12	5	5.27	28	5.32	83037	2.91
2018.01	18	5.23	71	5.34	106283	2.78
2018.02	37	5.26	41	5.46	84710	2.73
2018.03	52	5.23	56	5.45	114825	2.74
2018.04	33	4.85	45	5.14	84450	2.81
2018.05	36	4.69	104	4.86	117448	2.72
2018.06	19	4.93	82	5.18	98113	2.73
2018.07	6	4.13	53	4.02	121193	2.47
2018.08	44	3.54	59	3.68	152655	2.29
2018.09	14	4.40	33	4.43	133735	2.59
2018.10	13	3.77	22	4.37	118827	2.42
2018.11	5	4.62	33	4.32	138981	2.49
2018.12	47	3.90	53	4.25	121766	2.57

4.2 1 全国银行间质押式回购交易统计表
Statistics of Interbank Pledged Repo

单位：亿元，%
Unit: 100 Million Yuan，%

	1天 1-day		7天 7-day		14天 14-day	
	交易量 Trading Volume	加权平均利率 Weighted Average Interest Rate	交易量 Trading Volume	加权平均利率 Weighted Average Interest Rate	交易量 Trading Volume	加权平均利率 Weighted Average Interest Rate
2011	728667		157023		43834	
2012	1109323		172165		47390	
2013	1201735		196620		64787	
2014	1669081		300413		96061	
2015	3700895		461541		114361	
2016.01	384873	2.02	46233	2.49	4655	2.99
2016.02	268376	2.00	32416	2.42	18607	2.95
2016.03	436609	2.01	58474	2.49	9437	3.08
2016.04	351322	2.03	45968	2.49	6674	2.96
2016.05	460001	2.02	45248	2.42	3747	2.74
2016.06	456631	2.03	52564	2.50	11307	2.98
2016.07	503750	2.04	51570	2.47	5832	2.80
2016.08	522573	2.06	64282	2.48	8483	2.82
2016.09	391756	2.18	52900	2.53	28788	2.94
2016.10	321238	2.26	44102	2.70	11105	3.10
2016.11	401892	2.30	56961	2.72	11757	3.17
2016.12	362112	2.31	68037	3.08	17941	3.98
2017.01	264508	2.24	42838	2.67	22797	3.33
2017.02	287141	2.44	50053	3.08	13838	3.59
2017.03	405358	2.59	59949	3.51	20181	4.47
2017.04	346259	2.65	48919	3.36	16365	3.78
2017.05	381767	2.78	59981	3.29	17262	4.03
2017.06	446443	2.85	73710	3.49	18930	4.40
2017.07	421857	2.78	74549	3.32	14810	3.99
2017.08	458893	2.96	77543	3.54	16813	4.18
2017.09	458094	2.84	61700	3.41	38821	4.60
2017.10	355495	2.75	59513	3.37	14355	4.21
2017.11	473470	2.82	77143	3.49	16378	4.37
2017.12	447983	2.73	77846	3.86	26009	5.35
2018.01	462802	2.70	81105	3.23	14793	4.16
2018.02	298454	2.60	57077	3.09	29302	4.07
2018.03	490196	2.68	79215	3.33	23288	4.59
2018.04	370736	2.86	81666	3.59	17505	4.68
2018.05	455390	2.65	78832	3.22	17147	3.79
2018.06	425911	2.62	86074	3.46	19327	4.66
2018.07	545183	2.34	69676	2.74	12928	3.01
2018.08	661308	2.18	67747	2.57	14228	2.80
2018.09	492925	2.50	51496	2.69	39666	3.42
2018.10	479507	2.33	59300	2.66	12548	2.84
2018.11	600094	2.41	79599	2.70	14573	2.79
2018.12	500152	2.43	68357	3.22	28860	4.69

4.2 1 全国银行间质押式回购交易统计表
Statistics of Interbank Pledged Repo

单位：亿元，%
Unit: 100 Million Yuan，%

	21天 21-day		1个月 1-month		2个月 2-month	
	交易量 Trading Volume	加权平均利率 Weighted Average Interest Rate	交易量 Trading Volume	加权平均利率 Weighted Average Interest Rate	交易量 Trading Volume	加权平均利率 Weighted Average Interest Rate
2011	11335		13804		5133	
2012	9913		13155		8120	
2013	14263		24745		8264	
2014	16051		22896		6722	
2015	11337		18661		5372	
2016.01	1736	3.46	3664	3.31	875	3.29
2016.02	1195	3.30	552	2.99	332	3.04
2016.03	1504	3.37	1665	3.05	120	3.11
2016.04	1018	3.10	1096	2.89	106	2.94
2016.05	485	2.83	592	2.81	367	3.05
2016.06	1338	3.32	2680	3.05	334	3.25
2016.07	398	2.92	585	2.82	99	2.89
2016.08	560	2.87	533	2.82	243	2.80
2016.09	6541	3.36	2768	3.19	1015	3.05
2016.10	2046	3.35	1773	3.04	246	3.26
2016.11	1453	3.39	2105	3.08	997	3.37
2016.12	3129	5.09	5660	4.75	3066	5.08
2017.01	6743	4.36	8453	4.03	3529	4.57
2017.02	2048	4.10	1459	4.21	2277	4.35
2017.03	3740	4.71	5667	4.82	2795	4.94
2017.04	2040	4.22	1554	4.15	1220	4.29
2017.05	2309	4.30	3016	4.40	2797	4.64
2017.06	2682	5.01	3101	5.14	2446	5.22
2017.07	1185	4.21	941	4.21	738	4.20
2017.08	1720	4.25	1431	4.08	1324	4.21
2017.09	5841	5.04	3883	4.96	3760	4.79
2017.10	3447	4.42	822	4.40	1254	4.37
2017.11	9916	4.47	1645	4.47	1720	4.62
2017.12	14637	4.88	4954	5.71	3183	5.77
2018.01	11214	4.62	3592	4.33	3668	4.67
2018.02	10942	4.34	5838	4.58	2092	4.31
2018.03	13771	4.79	2128	4.98	2749	4.86
2018.04	10703	4.68	2577	4.12	1543	4.23
2018.05	11985	4.50	2176	3.86	1497	4.25
2018.06	10791	4.68	2139	5.19	1700	5.09
2018.07	9656	4.00	3036	3.30	770	3.37
2018.08	9587	3.63	2674	2.71	858	3.05
2018.09	9473	3.50	6676	3.42	1808	3.33
2018.10	7111	3.15	1818	3.13	686	3.73
2018.11	7012	2.92	2634	2.74	1886	2.92
2018.12	12801	3.99	6651	4.05	2045	4.03

4.2 2 全国银行间质押式回购交易统计表
Statistics of Interbank Pledged Repo

单位：亿元，%
Unit: 100 Million Yuan，%

	3个月 3-month		4个月 4-month		6个月 6-month	
	交易量 Trading Volume	加权平均利率 Weighted Average Interest Rate	交易量 Trading Volume	加权平均利率 Weighted Average Interest Rate	交易量 Trading Volume	加权平均利率 Weighted Average Interest Rate
2011	4513		1028		1052	
2012	4421		612		804	
2013	7068		613		1045	
2014	9854		1214		1464	
2015	10193		768		849	
2016.01	407	3.19	23	3.10	152	3.45
2016.02	182	2.95	11	3.01	23	3.13
2016.03	1010	2.77	47	2.88	51	2.99
2016.04	362	2.95	25	3.09	22	3.06
2016.05	1107	2.89	23	3.08	22	3.14
2016.06	1235	2.87	35	3.07	15	3.24
2016.07	286	2.87	62	3.08	25	3.15
2016.08	995	2.77	19	3.10	15	2.98
2016.09	814	2.81	20	3.13	15	3.10
2016.10	274	2.91	14	3.13	21	3.14
2016.11	1370	3.35	280	3.59	143	3.63
2016.12	1303	4.77	119	4.87	238	4.65
2017.01	475	4.57	192	4.27	95	4.27
2017.02	557	4.51	440	4.47	185	4.47
2017.03	868	4.86	507	4.61	350	4.78
2017.04	272	4.40	41	4.64	147	4.63
2017.05	592	4.86	107	4.84	90	4.96
2017.06	1468	5.13	287	5.31	71	5.07
2017.07	713	4.35	539	4.40	241	4.52
2017.08	382	4.48	68	4.50	54	4.55
2017.09	774	4.59	166	4.74	190	4.71
2017.10	249	4.70	90	4.71	42	4.75
2017.11	708	4.76	388	5.01	70	5.03
2017.12	1388	5.55	707	5.42	159	5.43
2018.01	863	4.85	48	5.14	26	5.17
2018.02	665	4.49	89	4.90	24	5.03
2018.03	541	4.80	287	4.94	77	4.90
2018.04	666	4.37	173	4.34	53	4.59
2018.05	908	4.54	489	4.44	19	4.58
2018.06	648	4.63	343	4.48	33	4.58
2018.07	617	3.93	248	4.09	31	4.26
2018.08	829	3.23	98	3.43	85	3.40
2018.09	539	3.12	239	3.31	151	3.78
2018.10	647	3.22	137	3.25	27	3.95
2018.11	410	3.37	488	3.36	18	3.82
2018.12	366	3.87	248	3.74	109	3.64

4.2 2 全国银行间质押式回购交易统计表
Statistics of Interbank Pledged Repo

单位：亿元，%
Unit: 100 Million Yuan，%

	9个月 9-month		1年 1-year		交易量合计	加权平均利率
	交易量 Trading Volume	加权平均利率 Weighted Average Interest Rate	交易量 Trading Volume	加权平均利率 Weighted Average Interest Rate	Trading Volume	Weighted Average Interest Rate
2011	36		225		966650	
2012	89		182		1366174	
2013	234		384		1519757	
2014	123		311		2124191	
2015	60		73		4324109	
2016.01	11	3.40	313	3.11	442943	2.10
2016.02	4	3.10	111	3.04	321809	2.10
2016.03	1	3.25	30	4.50	508949	2.10
2016.04	3	3.25	74	3.00	406671	2.11
2016.05	8	3.09	—	—	511600	2.07
2016.06	2	3.10	—	—	526141	2.10
2016.07	2	3.25	3	3.40	562613	2.09
2016.08	—	—	3	3.00	597706	2.12
2016.09	30	3.04	9	3.13	484657	2.28
2016.10	6	3.19	1	3.45	380829	2.35
2016.11	11	3.31	75	3.43	477045	2.38
2016.12	5	4.94	121	4.61	461731	2.56
2017.01	34	4.16	166	4.56	349831	2.48
2017.02	30	4.40	4	4.55	358030	2.61
2017.03	479	4.82	6	4.93	499901	2.84
2017.04	6	4.74	35	4.82	416858	2.80
2017.05	6	5.01	1	5.10	467927	2.92
2017.06	12	5.04	7	5.04	549157	3.03
2017.07	9	4.52	4	4.63	515587	2.90
2017.08	7	4.69	9	4.71	558244	3.09
2017.09	30	4.80	13	4.89	573273	3.07
2017.10	6	4.88	14	4.92	435286	2.91
2017.11	18	4.98	26	5.10	581482	3.00
2017.12	140	5.44	24	5.20	577029	3.11
2018.01	3	5.26	14	5.28	578129	2.88
2018.02	3	5.18	6	5.29	404493	2.87
2018.03	26	4.75	7	5.12	612286	2.90
2018.04	3	4.92	24	5.21	485648	3.10
2018.05	1	5.28	1	5.39	568444	2.82
2018.06	69	5.12	12	5.01	547048	2.89
2018.07	10	5.15	7	4.23	642163	2.43
2018.08	20	3.39	4	3.89	757437	2.25
2018.09	1	3.80	1	3.75	602974	2.60
2018.10	0	5.20	1	3.65	561781	2.39
2018.11	2	3.88	2	4.14	706717	2.46
2018.12	12	3.65	4	3.80	619606	2.68

4.3 国内各类债券发行统计表
Statistics of Debt Securities Issue

单位：亿元
Unit: 100 Million Yuan

	国债 Government Securities	中央银行票据 Central Bank Bills	金融债券 Financial Bonds	公司信用类债券 Corporate Debenture Bonds	各类债券合计 Total
2014	21747	0	36552	51516	109815
2015	59408	0	102095	67235	228738
2016.01	1700	0	11674	7640	21043
2016.02	2568	0	12709	4242	19519
2016.03	9687	0	18434	11849	39970
2016.04	13528	0	13051	6759	33339
2016.05	8383	0	16671	5077	30146
2016.06	13567	0	15847	6526	36001
2016.07	7177	0	15612	6648	29467
2016.08	12218	0	16290	8151	36688
2016.09	6101	0	16014	7967	30151
2016.10	7218	0	12347	6530	26156
2016.11	6255	0	15943	7960	30273
2016.12	2686	0	17561	3037	23284
2017.01	1360	0	13316	2206	16882
2017.02	1846	0	23077	2212	27135
2017.03	6199	0	26408	6036	38714
2017.04	6084	0	18322	5199	29655
2017.05	8076	0	17071	2809	28035
2017.06	8697	0	23177	3992	35901
2017.07	11479	0	20488	6648	38730
2017.08	13987	0	21860	6633	42545
2017.09	7317	0	27257	6300	40973
2017.10	7053	0	18023	4786	29873
2017.11	8013	0	24206	5621	37891
2017.12	2772	0	24850	3908	31530
2018.01	1900	0	18564	4258	24796
2018.02	1486	0	17182	2998	21716
2018.03	4009	0	29254	8732	42082
2018.04	6269	0	20570	8918	35838
2018.05	7002	0	26045	4374	37506
2018.06	9188	0	26359	4853	40407
2018.07	10943	0	16842	6445	34285
2018.08	12525	0	22843	8261	43709
2018.09	11059	0	26026	5821	42933
2018.10	6055	0	19736	5955	31798
2018.11	3348	0	27056	8734	39205
2018.12	4495	0	23580	8557	36685

注：公司信用类债券包括非金融企业债务融资工具、企业债券以及公司债、可转债等。自 2015 年起，金融债券数据中包含同业存单数据。

Note: Corporate debenture bonds include non-financial enterprise financing instruments, enterprise bonds, corporate bonds, convertible bonds, etc.. NCDs have been included in financial bonds since 2015.

4.4 国内各类债券余额统计表
Statistics of Debt Securities Outstanding

单位：亿元
Unit: 100 Million Yuan

	国债 Government Securities	中央银行票据 Central Bank Bills	金融债券 Financial Bonds	公司信用类债券 Corporate Debenture Bonds	国际机构债券 International Institution Bonds	各类债券合计 Total
2014	107275	4222	125489	116214	31	353231
2015	154524	4222	184596	144329	31	487816
2016.01	155184	4222	183999	147681	155	491241
2016.02	155294	4222	190677	150865	155	501213
2016.03	163159	4222	198063	157717	155	523316
2016.04	174726	4222	199052	161207	125	539332
2016.05	182038	4222	204366	161671	140	552437
2016.06	194223	4222	211651	163925	251	574272
2016.07	198964	2384	216919	165340	281	583888
2016.08	207487	1114	221562	168204	311	598678
2016.09	213814	214	226488	172071	376	612963
2016.10	217550	100	227580	174513	442	620185
2016.11	223841	0	229973	179274	537	633625
2016.12	225734	0	236499	175180	537	637950
2017.01	226400	0	239113	178280	537	644329
2017.02	226209	0	248762	176996	537	652504
2017.03	229141	0	255817	177843	607	663408
2017.04	235080	0	258552	178646	657	672935
2017.05	241253	0	256017	176338	735	674343
2017.06	247825	0	260855	176420	724	685824
2017.07	257926	0	265802	178363	839	702931
2017.08	262346	0	269847	179691	913	712798
2017.09	267832	0	272811	181165	1008	722816
2017.10	272800	0	272592	182043	998	728433
2017.11	278779	0	276525	182964	1013	739281
2017.12	281538	0	278301	183252	1013	744104
2018.01	281544	0	277554	187010	1088	747197
2018.02	281719	0	281140	187556	1138	751553
2018.03	283535	0	287321	190946	1195	762996
2018.04	288838	0	288806	193115	1277	772036
2018.05	291566	0	295336	193842	1337	782081
2018.06	298075	0	296566	194525	1366	790532
2018.07	306073	0	298285	195540	1421	801318
2018.08	314725	0	300772	198366	1501	815364
2018.09	323833	0	303057	198023	1428	826340
2018.10	326865	0	307302	198419	1470	834055
2018.11	326618	0	316174	201705	1537	846033
2018.12	330069	0	322585	205603	1550	859807

注：本表含在境内发行的美元债券，公司信用类债券包括非金融企业债务融资工具、企业债券以及公司债、可转债等。自 2015 年起，金融债券数据中包含同业存单数据。

Note: The sheet include the dollar bonds issued in the territory. Corporate debenture bonds include non-financial enterprise financing instruments, enterprise bonds, corporate bonds, convertible bonds, etc.. NCDs have been included in financial bonds since 2015.

4.5 人民币汇率统计表
Statistics of Exchange Rate

单位：外币／元人民币
Unit: USD，HKD，100JPY and EURO/RMB

	美元 USD		港元 HKD	
	平均汇率（美元／人民币）Average Exchange Rate (USD/RMB)	期末汇率（美元／人民币）End-of-period Exchange Rate (USD/RMB)	平均汇率（港元／人民币）Average Exchange Rate (HKD/RMB)	期末汇率（港元／人民币）End-of-period Exchange Rate (HKD/RMB)
2011		6.3009		0.81070
2012		6.2855		0.81085
2013		6.0969		0.78623
2014		6.119		0.78887
2015		6.4936		0.8378
2016.01	6.5527	6.5516	0.8423	0.8409
2016.02	6.5311	6.5452	0.8394	0.8419
2016.03	6.5064	6.4612	0.8383	0.8333
2016.04	6.4762	6.4589	0.8350	0.8326
2016.05	6.5315	6.5497	0.8413	0.8432
2016.06	6.5874	6.6312	0.8486	0.8547
2016.07	6.6774	6.6511	0.8608	0.8575
2016.08	6.6474	6.6908	0.8571	0.8625
2016.09	6.6715	6.6778	0.8601	0.8610
2016.10	6.7442	6.7641	0.8694	0.8723
2016.11	6.8375	6.8865	0.8816	0.8883
2016.12	6.9182	6.9370	0.8916	0.8945
2017.01	6.8918	6.8588	0.8886	0.8842
2017.02	6.8713	6.8750	0.8855	0.8858
2017.03	6.8932	6.8993	0.8876	0.8878
2017.04	6.8845	6.8931	0.8856	0.8858
2017.05	6.8827	6.8633	0.8840	0.8808
2017.06	6.8019	6.7744	0.8723	0.8679
2017.07	6.7654	6.7283	0.8664	0.8616
2017.08	6.6736	6.6010	0.8533	0.8436
2017.09	6.5634	6.6369	0.8400	0.8497
2017.10	6.6154	6.6397	0.8477	0.8513
2017.11	6.6186	6.6034	0.8480	0.8458
2017.12	6.5942	6.5342	0.8440	0.8359
2018.01	6.4364	6.3339	0.8231	0.8099
2018.02	6.3162	6.3294	0.8075	0.8086
2018.03	6.3220	6.2881	0.8063	0.8013
2018.04	6.2975	6.3393	0.8024	0.8079
2018.05	6.3758	6.4144	0.8123	0.8175
2018.06	6.4556	6.6166	0.8227	0.8431
2018.07	6.7034	6.8165	0.8542	0.8685
2018.08	6.8433	6.8246	0.8718	0.8695
2018.09	6.8445	6.8792	0.8730	0.8800
2018.10	6.9264	6.9646	0.8837	0.8877
2018.11	6.9351	6.9357	0.8857	0.8868
2018.12	6.8853	6.8632	0.8805	0.8762

注：本表汇率为中国外汇交易中心对外公布的人民币汇率中间价。
Note: The exchange rate is the CNY central parity rate released by the China Foreign Exchange Trade System.

4.5 人民币汇率统计表
Statistics of Exchange Rate

单位：外币／元人民币
Unit: USD，HKD，100JPY and EURO/RMB

	日元 JPY		欧元 EURO	
	平均汇率（100日元／人民币）Average Exchange Rate (100JPY/RMB)	期末汇率（100日元／人民币）End-of-period Exchange Rate (100JPY/RMB)	平均汇率（欧元／人民币）Average Exchange Rate (EURO/RMB)	期末汇率（欧元／人民币）End-of-period Exchange Rate (EURO/RMB)
2011		8.1103		8.1625
2012		7.3049		8.3176
2013		5.7771		8.4189
2014		5.1371		7.4556
2015		5.3875		7.0952
2016.01	5.5531	5.5205	7.1245	7.1700
2016.02	5.6770	5.7630	7.2232	7.1533
2016.03	5.7627	5.7530	7.2343	7.3312
2016.04	5.9021	5.9820	7.3397	7.3439
2016.05	5.9980	6.1406	7.3825	7.4377
2016.06	6.2436	6.4491	7.3983	7.3750
2016.07	6.4183	6.3554	7.3847	7.3724
2016.08	6.5633	6.5035	7.4487	7.4602
2016.09	6.5509	6.6012	7.4774	7.4880
2016.10	6.4842	6.4631	7.4059	7.4294
2016.11	6.3266	6.1316	7.3851	7.3386
2016.12	5.9692	5.9591	7.2925	7.3068
2017.01	5.9939	6.0596	7.3179	7.3821
2017.02	6.0788	6.1307	7.3085	7.2589
2017.03	6.1043	6.1766	7.3668	7.3721
2017.04	6.2655	6.2023	7.3829	7.4945
2017.05	6.1331	6.1995	7.6042	7.6760
2017.06	6.1367	6.0485	7.6389	7.7496
2017.07	6.0174	6.0879	7.7898	7.9059
2017.08	6.0762	5.9780	7.8855	7.8525
2017.09	5.9272	5.9089	7.8143	7.8233
2017.10	5.8592	5.8700	7.7845	7.7333
2017.11	5.8643	5.8945	7.7643	7.8252
2017.12	5.8373	5.7883	7.8019	7.8023
2018.01	5.7951	5.8216	7.8414	7.8553
2018.02	5.8235	5.8872	7.7866	7.7355
2018.03	5.9612	5.9066	7.7975	7.7378
2018.04	5.8603	5.7967	7.7417	7.6714
2018.05	5.8097	5.8986	7.5344	7.4814
2018.06	5.8698	5.9914	7.5397	7.6515
2018.07	6.0191	6.1398	7.8345	7.9799
2018.08	6.1668	6.1542	7.9083	7.9646
2018.09	6.1207	6.0705	7.9788	8.0111
2018.10	6.1587	6.1590	7.9526	7.9008
2018.11	6.1219	6.1153	7.8824	7.8991
2018.12	6.1279	6.1887	7.8309	7.8473

注：本表汇率为中国外汇交易中心对外公布的人民币汇率中间价。
Note: The exchange rate is the CNY central parity rate released by the China Foreign Exchange Trade System.

4.6 国内股票市场统计表
Statistics of Stock Market

	股票筹资额（亿元） Equity Financing (100 Million Yuan)	成交金额（亿元） Turnover of Trading (100 Million Yuan)	期末总股本（亿股） Volume Issued at the End of Period (100 Million Shares)	期末市价总值（亿元） Total Market Capitalization at the End of Period (100 Million Yuan)	期末上市公司数（家） Number of Listed Company at the End of Period	期末收盘指数 (Index)	
						上证综合指数 Shanghai Stock Exchange Composite Index	深证成分指数 Shenzhen Stock Exchange Componet Index
2011	5846	421645	29745	214758	2342	2199	8919
2012	4131	314583	31834	230358	2494	2269	9116
2013	3867	468072	33822	239077	2489	2116	8122
2014	7060	742385	36795	372547	2613	3235	11015
2015	11321	2550538	43015	531304	2827	3539	12665
2016.01	1786	108234	43215	403800	2828	2738	9418
2016.02	874	78185	43375	397027	2835	2688	9097
2016.03	715	133981	43625	454156	2851	3004	10455
2016.04	986	114354	44073	447907	2862	2938	10142
2016.05	1097	90706	45140	448641	2874	2917	10160
2016.06	1158	114725	46276	462921	2887	2930	10490
2016.07	1255	127257	46818	466464	2900	2979	10329
2016.08	1347	111767	47315	491635	2930	3085	10758
2016.09	1890	82633	47889	485008	2952	3005	10568
2016.10	1303	77246	48233	504898	2974	3100	10704
2016.11	1004	136470	48452	530670	3008	3250	11012
2016.12	1096	98288	48750	507686	3052	3104	10177
2017.01	1740	67642	49348	517248	3105	3159	10052
2017.02	572	80836	49506	538212	3137	3242	10391
2017.03	965	115943	49757	539588	3185	3223	10429
2017.04	1235	92082	50177	527481	3223	3155	10235
2017.05	549	81304	50891	513613	3261	3117	9865
2017.06	552	84759	51837	534322	3297	3192	10530
2017.07	609	97612	52384	542177	3326	3273	10505
2017.08	666	117672	52624	561973	3362	3361	10817
2017.09	1330	115101	52844	569301	3399	3349	11087
2017.10	934	79400	53044	579121	3426	3393	11368
2017.11	1452	112035	53325	564016	3462	3317	10944
2017.12	1139	80238	53747	567086	3485	3307	11040
2018.01	1137	114890	53987	585573	3500	3481	11160
2018.02	379	64393	54201	561646	3512	3259	10829
2018.03	507	103299	54370	559519	3522	3169	10869
2018.04	574	82388	54586	542533	3531	3082	10324
2018.05	465	89887	55150	544220	3539	3095	10296
2018.06	354	69820	55914	504217	3547	2847	9379
2018.07	1278	77787	56651	506208	3551	2876	9179
2018.08	826	65795	56811	475702	3557	2725	8465
2018.09	369	49745	57016	486616	3568	2821	8401
2018.10	239	52376	57172	446534	3573	2603	7483
2018.11	359	78105	57603	453623	3581	2588	7682
2018.12	340	53253	57581	434924	3584	2494	7240

5.1 中央银行基准利率
Benchmark Interest Rates of Central Bank

单位：%（年利率）
Unit: % p.a.

项目／日期	Items/Date	2002.02.21	2003.12.21	2004.03.25	2005.03.17	2008.01.01	2008.11.27	2008.12.23	2010.10.20	2010.12.26
准备金账户 *	Reserve Account*									
法定准备金	Reserve Requirements	1.89	1.89	1.89	1.89	—	1.62	—	1.62	1.62
超额储备	Excess Reserves	1.89	1.62	1.62	0.99	—	0.72	—	0.72	0.72
对金融机构贷款	Loans to Financial Institution									
20 天以内	Less than 20 days	2.70	2.70	3.33	3.33	4.14	3.06	2.79	2.79	3.25
3 个月以内	3 months or less	2.97	2.97	3.60	3.60	4.41	3.33	3.06	3.06	3.55
6 个月以内	6 months or less	3.15	3.15	3.78	3.78	4.59	3.51	3.24	3.24	3.75
1 年	1 year	3.24	3.24	3.87	3.87	4.68	3.60	3.33	3.33	3.85
再贴现	Rediscount	2.97	2.97	3.24	3.24	4.32	2.97	1.80	1.80	2.25

* 2003 年 12 月准备金账户分为法定准备金和超额储备两个账户。

* As of December 2003, reserve account was divided into reserve requirements and excess reserves.

5.2 金融机构：人民币法定存款基准利率
Financial Institutions: Official Benchmark Rates of RMB Deposits

单位：%（年利率）
Unit: % p.a.

项目／日期	Items/Date	2012.07.06	2014.11.22	2015.03.01	2015.05.11	2015.06.28	2015.08.26	2015.10.24
活期	Demand	0.35	0.35	0.35	0.35	0.35	0.35	0.35
定期	Time							
3 个月	3 months	2.10	2.35	2.10	1.85	1.60	1.35	1.10
6 个月	6 months	2.80	2.55	2.30	2.05	1.80	1.55	1.30
1 年	1 year	3.00	2.75	2.50	2.25	2.00	1.75	1.50
2 年	2 years	3.75	3.35	3.10	2.85	2.60	2.35	2.10
3 年	3 years	4.25	4.00	3.75	3.50	3.25	3.00	2.75
5 年	5 years	4.75	4.00	—	—	—	—	—

5.3 金融机构：人民币法定贷款基准利率
Financial Institutions: Official Benchmark Rates of RMB Loans

单位：%（年利率）
Unit: % p.a.

项目／日期 Items/Date	2012.07.06	2014.11.22	2015.03.01	2015.05.11	2015.06.28	2015.08.26	2015.10.24
短期贷款 Short-term							
1年以内（含1年） within 1 year(including 1 year)	6.00	5.60	5.35	5.10	4.85	4.60	4.35
中长期贷款 Medium- and long-term							
1～5年（含5年） 1~5 years(including 5 years)	6.15	6.00	5.75	5.50	5.25	5.00	4.75
5年以上 over 5 years	6.55	6.15	5.90	5.65	5.40	5.15	4.90

注：自2014年11月22日起，金融机构人民币贷款基准利率期限档次简并为1年以内（含1年）、1～5年（含5年）和5年以上三个档次。
Note: Since November 22, 2014, the terms of official benchmark rates of RMB loans to financial institutions have merged into three:within 1 year (including 1 year), 1~5 years(including 5 years), over 5 years.

6.1 2016年资金流量表（金融交易账户）
Flow of Funds Statement, 2016(Financial Transactions Accounts)

部门 / 交易项目	顺序号	住户 Households 运用 Uses	住户 Households 来源 Sources	非金融企业 Non-financial Corporations 运用 Uses	非金融企业 Non-financial Corporations 来源 Sources	政府 General Government 运用 Uses	政府 General Government 来源 Sources	金融机构 Financial Institutions 运用 Uses	金融机构 Financial Institutions 来源 Sources
净金融投资	1	47870		-16007		-8084		-10759	
资金运用合计	2	118698		124237		36041		450762	
资金来源合计	3		70828		140243		44125		46
通货	4	4517		458		102			5
存款	5	59334		83242		31936		1728	172
活期存款	6	28884		41300		16324			86
定期存款	7	21595		31191		11978			64
财政存款	8					805			
外汇存款	9	2413		5079		-73		-287	5
其他存款	10	6441		5671		2903		2016	14
证券公司客户保证金	11	-2106		-1609		-1050		-1381	-6
贷款	12		70791		110003		-34903	158129	6
短期贷款与票据融资	13		7043		30365			37407	
中长期贷款	14		56813		57673			114485	
外汇贷款	15		8		-7566		-1080	-2957	
委托贷款	16		6555		18553		-3843	21339	
其他贷款	17		372		10979		-29981	-12146	6
未贴现的银行承兑汇票	18			-19531	-19531			-19531	-19
保险准备金	19	16998		939			7906		10
金融机构往来	20							12245	9
存款准备金	21							26778	26
证券	22	4743		6361	49751	2470	71207	160984	50
债券	23	241		1031	36337	226	71207	157364	48
国债	24	245		-7		-30	71207	70173	
金融债券	25	-44		-26		-1		54710	53
中央银行债券	26							-3834	-4
企业债券	27	41		1064	36337	257		36315	
股票	28	4501		5330	13414	2244		3620	1
证券投资基金份额	29	3975		3037		1982		2606	11
库存现金	30							-74	
中央银行贷款	31							38686	38
其他（净）	32	31238	37	29705	1835	601	-620	95430	155
直接投资	33			14427	11329				
其他对外债权债务	34			7207	1649		534	4632	9
国际储备资产	35							-29469	
国际收支错误与遗漏	36				-14793				

单位：亿元人民币
Unit: 100 Million of RMB Yuan

国内合计 ll Domestic Sectors		国外 The Rest of the World		总计 Total		No.	Sectors / Items
运用 Uses	来源 Sources	运用 Uses	来源 Sources	运用 Uses	来源 Sources		
3021		-13021				1	Net financial investment
9738		1421		731160		2	Financial uses
	716717		14442		731160	3	Financial sources
5076	5087	11		5087	5087	4	Currency
76240	172182	-936	3122	175304	175304	5	Deposits
36508	86508			86508	86508	6	Demand deposit
54764	64764			64764	64764	7	Time deposit
805	805			805	805	8	Fiscal deposit
7132	5615	1605	3122	8738	8738	9	Foreign exchange deposit
17031	14490	-2541		14490	14490	10	Other deposit
-6145	-6227	-82		-6227	-6227	11	Customer margin of securities company
58129	152476	-2955	2697	155173	155173	12	Loans
37407	37407			37407	37407	13	Short-term loans & discounted bankers acceptance bills
14485	114485			114485	114485	14	Medium-and long-term loans
-2957	-8628	-2955	2715	-5913	-5913	15	Foreign exchange loans
21339	21357		-18	21339	21339	16	Designated loans
12146	-12146			-12146	-12146	17	Other loans
39062	-39062			-39062	-39062	18	Undiscounted bankers acceptance bills
17936	17936			17936	17936	19	Insurance technical reserves
12245	9692	3133	5686	15378	15378	20	Inter-financial institutions accounts
26778	26572	-206		26572	26572	21	Required and excessive reserves
74558	171063	2630	6126	177188	177188	22	Securities
58863	156495	1198	3566	160061	160061	23	Bonds
70381	71207	1801	975	72183	72183	24	Government and public bonds
54639	53173	130	1596	54769	54769	25	Financial bonds
-3834	-4222	-367	21	-4201	-4201	26	Central bank bonds
37677	36337	-367	974	37310	37310	27	Corporate bonds
15695	14567	1433	2560	17127	17127	28	Share
11600	11754	154		11754	11754	29	Security investment fund
-74	-89		15	-74	-74	30	Cash in vault
38686	38686			38686	38686	31	Central bank loans
56975	156975			156975	156975	32	Miscellaneous (net)
14427	11329	11329	14427	25756	25756	33	Foreign direct investment
11839	3136	3136	11839	14975	14975	34	Changes in other foreign assets and debts
-29469			-29469	-29469	-29469	35	Changes in reserve assets
	-14793	-14793		-14793	-14793	36	Errors and omissions in the BOP

6.2 2017 年资金流量表（金融交易账户）
Flow of Funds Statement, 2017(Financial Transactions Accounts)

部门 / 交易项目	顺序号	住户 Households		非金融企业 Non-financial Corporations		政府 General Government		金融机构 Financial Instituti	
		运用 Uses	来源 Sources	运用 Uses	来源 Sources	运用 Uses	来源 Sources	运用 Uses	Sc
净金融投资	1	42482		-56254		155		24744	
资金运用合计	2	121970		72537		42914		381405	
资金来源合计	3		79488		128791		42759		35
通货	4	2086		211		47			[illegible]
存款	5	49603		50647		36038		3976	14
活期存款	6	16746		22731		14509			5
定期存款	7	29513		18173		13726			61
财政存款	8					5684			[illegible]
外汇存款	9	-48		5597		68		-461	[illegible]
其他存款	10	3392		4145		2052		4436	1
证券公司客户保证金	11	-1466		-1164		-770		-1082	-4
贷款	12		77863		113137		-21150	178203	5
短期贷款与票据融资	13		19180		9010			28189	
中长期贷款	14		53017		73489			126506	
外汇贷款	15		-3		-320		629	3522	
委托贷款	16		3464		7299		-3561	7348	
其他贷款	17		2206		23660		-18219	12638	4
未贴现的银行承兑汇票	18			5381	5381			5381	5
保险准备金	19	19914		1151			8256		12
金融机构往来	20							24886	27
存款准备金	21							10466	10
证券	22	3830		10276	12529	3046	55807	93468	43
债券	23	643		5187	2607	1371	55807	91130	41
政府债券	24	537		-3		-128	55807	53849	
金融债券	25	28		1227		669		38816	41
中央银行债券	26							9	
企业债券	27	77		3963	2607	830		-1544	
股票	28	3187		5089	9922	1675		2339	2
证券投资基金份额	29	6935		5506		3645		5120	21
库存现金	30							-148	-
中央银行贷款	31							24731	24
其他（净）	32	41068	1625	-7661	818	909	-350	31765	63
直接投资	33			6881	11358				
其他对外债权债务	34			1310	549		197	-1539	1
国际储备资产	35							6179	
国际收支错误与遗漏	36				-14982				

单位：亿元人民币
Unit: 100 Million of RMB Yuan

国内合计 All Domestic Sectors		国外 The Rest of the World		总计 Total		No.	Sectors / Items
运用 Uses	来源 Sources	运用 Uses	来源 Sources	运用 Uses	来源 Sources		
1127		-11127				1	Net financial investment
8826		14412		633238		2	Financial uses
	607699		25538		633238	3	Financial sources
2344	2342	-2		2342	2342	4	Currency
40263	142153	5226	3336	145489	145489	5	Deposits
53987	53987			53987	53987	6	Demand deposit
51411	61411			61411	61411	7	Time deposit
5684	5684			5684	5684	8	Fiscal deposit
5157	5260	3439	3336	8596	8596	9	Foreign exchange deposit
14025	15811	1786		15811	15811	10	Other deposit
-4482	-4598	-116		-4598	-4598	11	Customer margin of securities company
78203	175105	394	3492	178597	178597	12	Loans
28189	28189			28189	28189	13	Short-term loans & discounted bankers acceptance bills
26506	126506			126506	126506	14	Medium-and long-term loans
3522	426	394	3490	3916	3916	15	Foreign exchange loans
7348	7346		2	7348	7348	16	Designated loans
12638	12638			12638	12638	17	Other loans
10762	10762			10762	10762	18	Undiscounted bankers acceptance bills
21065	21065			21065	21065	19	Insurance technical reserves
24886	27545	4127	1468	29013	29013	20	Inter-financial institutions accounts
10466	10528	62		10528	10528	21	Required and excessive reserves
10619	111862	5651	4408	116270	116270	22	Securities
98331	99827	3359	1863	101689	101689	23	Bonds
54255	55807	1872	319	56126	56126	24	Government and public bonds
40741	41412	1553	881	42294	42294	25	Financial bonds
9			9	9	9	26	Central bank bonds
3326	2607	-66	654	3260	3260	27	Corporate bonds
12289	12036	2293	2545	14581	14581	28	Share
21206	21754	548		21754	21754	29	Security investment fund
-148	-153		4	-148	-148	30	Cash in vault
24731	24731			24731	24731	31	Central bank loans
66081	66081			66081	66081	32	Miscellaneous (net)
6881	11358	11358	6881	18239	18239	33	Foreign direct investment
-229	2145	2145	-229	1916	1916	34	Changes in other foreign assets and debts
6179			6179	6179	6179	35	Changes in reserve assets
	-14982	-14982		-14982	-14982	36	Errors and omissions in the BOP

7.1 1 5000户企业主要财务指标
Major Financial Indicators of 5000 Principal Enterprises

上年同期=100 单位：%
Previous Year=100 Unit: %

	货币资金 Monetary Funds	存货 Inventories	流动资产 Current Assets	固定资产净额 Net Fixed Assets	短期借款 Short-term Borrowing
2011	12.8	14.8	15.4	11.7	23.7
2012	-0.1	5.1	6.8	6.4	14.8
2013	2.2	8.2	7.7	8.7	9.4
2014	13.3	2.5	7.3	6.0	-1.0
2015	9.9	-3.4	3.5	1.3	4.9
2016.01	8.9	-3.6	4.1	1.5	3.8
2016.02	8.8	-4.9	3.3	1.4	3.7
2016.03	7.4	-4.6	3.4	1.4	3.7
2016.04	5.2	-4.5	3.0	1.6	4.2
2016.05	0.9	-4.2	1.7	4.4	4.7
2016.06	2.2	-4.6	1.7	4.3	6.1
2016.07	0.0	-3.9	1.7	4.3	6.3
2016.08	3.4	-3.4	2.9	4.5	5.9
2016.09	4.8	-2.7	3.2	4.3	3.8
2016.10	5.8	-2.1	4.3	4.3	4.7
2016.11	6.9	-0.5	5.6	4.8	5.1
2016.12	6.8	4.2	7.3	3.4	5.8
2017.01	3.6	5.4	6.6	3.2	6.3
2017.02	9.2	6.5	8.5	3.2	6.3
2017.03	8.5	8.2	8.5	2.5	6.1
2017.04	8.7	8.7	9.2	2.5	7.3
2017.05	10.8	7.7	9.1	2.8	8.0
2017.06	8.6	7.5	8.8	2.9	6.5
2017.07	10.7	6.8	9.2	2.7	6.2
2017.08	9.2	7.0	9.1	2.8	6.5
2017.09	9.4	8.0	9.9	3.0	6.9
2017.10	10.1	7.8	9.9	2.8	5.6
2017.11	9.9	8.0	9.3	2.5	4.1
2017.12	10.8	6.4	8.9	3.0	3.1
2018.01	15.9	5.7	10.1	2.5	2.3
2018.02	9.2	6.1	8.6	2.7	3.1
2018.03	7.6	4.6	7.6	3.4	2.3
2018.04	8.2	3.3	8.0	3.0	1.7
2018.05	7.9	4.5	8.5	3.0	0.0
2018.06	8.2	4.9	8.6	2.8	0.8
2018.07	8.1	6.7	8.7	3.3	1.2
2018.08	8.3	6.9	8.4	3.1	-0.7
2018.09	5.3	5.3	6.9	4.1	-1.1
2018.10	5.9	5.9	6.7	4.1	-1.0
2018.11	5.6	4.6	6.0	3.8	-1.0
2018.12	3.2	4.3	5.2	2.6	-1.3

7.1 2 5000户企业主要财务指标
Major Financial Indicators of 5000 Principal Enterprises

上年同期=100 单位：%
Previous Year=100 Unit: %

	流动负债合计 Total Current Liabilities	长期负债合计 Total Long-term Liabilities	所有者权益合计 Owner' s Equity	产品销售收入 Sales Revenue	工业总产值（现价） Industrial Output (Current Price)
2011	19.1	12.4	12.3	19.3	17.3
2012	9.0	10.2	7.3	4.6	4.4
2013	9.1	10.3	6.7	4.7	3.3
2014	6.7	7.0	7.4	2.8	-0.7
2015	6.0	5.1	3.7	-8.2	-7.7
2016.01	5.8	4.9	3.5	-8.6	-12.0
2016.02	5.1	4.2	3.8	-9.2	-11.7
2016.03	5.5	4.2	3.4	-6.5	-7.4
2016.04	5.2	3.1	3.5	-5.9	-5.5
2016.05	4.7	2.8	3.3	-5.2	-5.8
2016.06	4.5	1.9	4.3	-4.1	-4.9
2016.07	4.4	1.9	4.6	-3.7	-3.8
2016.08	5.2	1.9	4.8	-3.2	-3.8
2016.09	4.5	2.2	5.0	-2.5	-2.0
2016.10	5.1	2.3	5.5	-1.7	-1.0
2016.11	5.8	3.1	5.8	-0.7	-0.1
2016.12	6.8	3.2	6.8	1.2	1.5
2017.01	5.8	4.5	7.3	7.9	12.9
2017.02	7.3	4.6	7.6	20.3	22.5
2017.03	6.7	4.5	7.9	18.7	21.6
2017.04	7.2	4.2	7.5	17.5	19.2
2017.05	6.8	4.2	7.2	16.9	18.4
2017.06	6.6	3.8	7.0	16.0	18.3
2017.07	6.5	3.8	7.5	15.8	18.1
2017.08	5.7	4.3	8.3	15.8	18.0
2017.09	6.6	4.0	8.7	15.9	17.3
2017.10	6.2	3.3	9.2	16.0	17.1
2017.11	5.4	2.7	10.6	15.2	16.4
2017.12	4.3	2.1	11.3	13.5	15.7
2018.01	5.5	1.1	11.3	20.7	18.1
2018.02	4.8	-0.7	11.8	8.3	11.0
2018.03	3.8	-0.4	12.1	7.8	8.2
2018.04	3.6	-0.4	12.5	9.0	9.3
2018.05	3.8	0.2	13.0	9.2	9.5
2018.06	4.2	0.9	12.4	9.3	9.2
2018.07	4.2	1.4	12.3	9.4	9.1
2018.08	4.5	1.1	11.8	9.3	9.0
2018.09	4.2	0.6	11.4	8.7	8.9
2018.10	3.9	0.8	11.2	8.8	9.2
2018.11	3.7	0.8	9.8	8.1	7.9
2018.12	1.9	4.0	8.0	6.3	17.1

注： 2015年5月调整企业财务调查指标，停用“固定资产合计”，“固定资产净额”是指固定资产合计减去累计折旧和减值准备后的净额。

Note: Since May 2015, the item of “Total Fixed Assets” has been replaced by “Net Fixed Assets”, which equals nominal fixed assets, minus accumulated depreciation and allowance for impairment of fixed assets.

7.2 5000户企业主要财务分析指标
Major Financial Analytical Indicators of 5000 Principal Enterprises

上年同期=100 单位：%
Previous Year=100 Unit: %

	货币资金占用系数 Ratio of Monetary Funds to Sales	流动比率 Ratio of Liquidity	资产负债比率 Liabilities/Assets Ratio	流动资产周转率 Turn-over Ratio of Liquid Assets	工业产品销售率 Industrial Products Sales Ratio	销售成本利润率 Ratio of Profits to Sales Expenses
2011	14.1	104.2	61.1	1.9	110.8	7.6
2012	13.4	102.1	61.5	1.8	110.9	6.1
2013	13.1	100.9	62.1	1.9	112.6	5.4
2014	14.5	101.5	61.9	1.7	116.5	5.7
2015	17.3	99.0	62.4	1.5	116.2	4.6
2016.01	18.2	99.9	62.4	1.3	117.4	5.3
2016.02	20.3	100.3	62.2	1.2	115.6	4.3
2016.03	19.5	100.3	62.3	1.3	115.8	5.6
2016.04	19.0	100.2	62.2	1.3	115.0	5.7
2016.05	18.3	100.0	62.2	1.3	115.0	5.9
2016.06	18.2	100.7	61.9	1.3	115.7	6.6
2016.07	17.8	100.8	61.8	1.3	115.0	6.4
2016.08	18.1	101.1	61.9	1.3	115.2	6.3
2016.09	18.3	101.9	61.8	1.3	115.4	6.4
2016.10	18.2	102.3	61.8	1.4	115.0	6.3
2016.11	18.3	102.7	62.0	1.4	114.7	6.4
2016.12	18.2	99.9	62.0	1.4	115.8	6.0
2017.01	17.5	101.0	61.9	1.3	111.8	8.1
2017.02	18.4	101.8	61.8	1.3	113.8	7.2
2017.03	17.8	102.3	61.7	1.4	112.8	8.3
2017.04	17.5	102.5	61.8	1.4	113.2	7.9
2017.05	17.3	102.6	61.8	1.4	113.3	7.6
2017.06	17.0	102.5	61.6	1.4	113.4	8.0
2017.07	16.9	103.1	61.5	1.4	112.9	7.8
2017.08	17.0	104.2	61.3	1.4	113.0	7.8
2017.09	17.0	105.7	61.1	1.4	113.2	8.0
2017.10	17.0	106.4	60.9	1.4	112.9	8.1
2017.11	17.1	107.0	60.6	1.4	112.6	8.1
2017.12	17.6	104.8	60.2	1.5	112.5	8.0
2018.01	16.6	106.0	60.2	1.4	112.9	9.9
2018.02	18.3	106.1	59.8	1.3	110.1	8.3
2018.03	17.5	106.7	59.6	1.4	111.7	8.9
2018.04	17.2	107.3	59.6	1.4	112.1	8.7
2018.05	17.0	107.7	59.5	1.4	112.1	8.9
2018.06	16.7	107.3	59.5	1.4	112.6	9.4
2018.07	16.5	107.9	59.4	1.4	112.4	9.3
2018.08	16.7	108.4	59.3	1.4	112.5	9.1
2018.09	16.5	108.5	59.2	1.4	112.9	9.2
2018.10	16.4	109.4	58.9	1.5	112.5	8.9
2018.11	16.6	109.6	58.9	1.5	112.7	8.8
2018.12	17.0	108.3	58.8	1.5	102.2	8.3

7.3 5000户企业景气扩散指数*

Diffusion Indices of Business Survey of 5000 Principal Enterprises*

单位：%

Unit: %

	宏观经济热度指数 Macro-economy Index	企业景气指数 Business Climate Index	设备能力利用水平 Production Capacity Utilization	产成品库存水平 Inventory Level	国内订货水平 Domestic Order Level	出口产品订单 Overseas Order Level	资金周转状况 Funds Turnover	销货款回笼情况 Cash Inflow from Sales	银行贷款掌握状况 Lending Attitude of Bank	企业盈利情况 Profitability	产品销售价格水平 Price Level of Sales	原材料购进价格 Price Level of Raw Materials	固定资产投资情况 Fixed Assets Investment
2010	52.7	71.4	43.8	50.3	57.8	52.0	67.4	71.5	39.5	61.1	61.6	79.5	55.9
2011	41.7	67.5	42.4	46.8	53.1	48.7	60.5	65.9	30.5	55.5	50.4	68.2	53.2
2012	31.6	61.8	40.0	45.5	47.7	47.1	59.7	63.8	38.6	53.1	46.4	60.7	49.6
2013	34.7	58.1	41.2	44.9	49.4	48.7	57.3	60.9	45.7	57.6	46.5	57.3	52.2
2014.03	33.4	55.3	39.2	44.2	44.4	45.4	56.5	61.0	44.8	50.9	44.6	56.3	48.4
2014.06	32.8	55.4	40.6	43.9	48.5	49.7	56.0	59.9	45.1	54.1	44.5	54.5	50.0
2014.09	32.2	54.9	40.6	43.4	46.9	50.0	55.6	59.6	44.5	55.0	44.5	55.3	50.6
2014.12	31.1	54.5	40.4	43.5	46.5	48.9	54.3	59.2	44.9	55.0	43.0	51.5	49.0
2015.03	29.2	52.8	39.0	44.1	42.5	46.8	54.2	59.1	45.1	51.0	41.5	49.9	46.2
2015.06	29.3	51.8	39.2	43.7	46.3	49.3	53.4	57.4	45.7	52.8	43.3	51.8	48.0
2015.09	24.5	49.4	37.2	42.8	43.3	48.1	52.5	56.5	45.7	51.1	39.1	47.3	47.4
2015.12	22.7	48.4	36.9	43.0	42.5	43.6	52.0	55.8	45.7	50.5	39.2	46.2	46.0
2016.03	21.1	46.7	35.2	44.3	39.1	41.0	52.4	55.6	46.1	47.2	39.5	47.6	43.2
2016.06	24.4	48.3	36.8	45.3	46.6	46.5	52.5	55.8	46.1	52.7	45.6	54.9	46.1
2016.09	25.2	50.3	37.7	45.2	46.0	46.9	53.4	57.3	46.2	54.7	46.9	56.7	46.9
2016.12	27.8	52.6	40.1	46.2	49.9	45.6	54.6	59.0	46.6	57.1	51.7	63.1	47.4
2017.03	31.3	52.8	38.7	46.8	44.0	41.7	56.3	60.0	46.4	49.9	53.6	68.0	45.4
2017.06	34.0	54.6	41.1	46.6	50.6	50.4	55.8	60.5	45.8	56.1	50.7	62.9	48.4
2017.09	35.9	55.5	41.3	46.8	50.2	49.6	56.7	61.3	45.4	57.6	52.5	65.4	49.8
2017.12	38.6	59.8	43.8	47.7	53.0	48.5	58.8	63.8	46.7	61.5	56.1	68.6	50.9
2018.03	38.9	58.6	41.4	47.8	47.6	45.0	58.7	63.8	46.4	56.7	52.9	66.1	48.2
2018.06	40.1	58.5	43.7	47.6	52.7	50.8	57.8	62.7	45.6	59.7	52.1	64.8	50.8
2018.09	37.2	56.9	42.5	46.7	49.6	48.5	57.0	62.8	45.8	58.9	51.0	64.3	51.0
2018.12	35.4	57.9	43.6	47.0	50.1	45.5	58.1	63.1	46.4	58.7	50.8	63.1	50.5

* 通过对企业经营者进行问卷调查，得出对问题回答的三种结果，即上升、持平、下降各占总数的比重，然后利用上升的比重减去下降的比重，用其差额来反映景气状况的水平和趋势。

* Diffusion Index on Business Survey: based on the questionnaire sent to enterprise managers, proportions are calculated for the positive, unchanged and negative answers respectively. The diffusion index and its trend are reflected in the difference of the shares between the positive and negative answers.

注：2013年二季度对问卷内容进行了重新修订，本表中发布的数据也相应调整。具体为：(1)停止发布"能源供应状况""原材料供应状况""产品销售情况"以及"设备投资情况"；(2)新增发布"宏观经济热度指数"和"原材料购进价格指数"；(3)修改"产成品库存水平指数"计算方法，新指数=100－原指数，本表中已对2013年二季度以前公布的历史数据进行调整。

Note: The questionnaire for the PBC Entrepreneurs Survey was revised and certain adjustments were made to the table as of 2013Q2, including: (1) Indices of "Energy Supply" "Raw Material Supply" "Products Sales" and "Equipment Investment" were not compiled; (2) Indices of "Macro-economy Index" and "Price Level of Raw Materials" were added; (3) Compilation method was adjusted for "Inventory Level Index", while the new index equals 100 minus the original index. All the historical data in the table was re-calculated accordingly.

8.1 主要物价指数 Major Price Indices

以上年同月为100
Previous Corresponding Month=100

	零售物价指数 Retail Price Index	居民消费价格指数 Consumer Price Index	企业商品价格指数 Corporate Goods Price Index		
			总指数 Overall Index	投资品 Capital Goods	消费品 Consumer Goods
2011	103.8	104.1	102.3	101.9	104.6
2012	101.5	102.5	98.4	98.0	101.4
2013	101.2	102.5	99.3	99.0	101.4
2014	100.4	101.5	95.6	95.2	98.4
2015	100.4	101.6	92.7	91.8	100.3
2016.01	0.20	1.80	93.4	92.6	100.9
2016.02	0.90	2.30	93.9	93.1	101.1
2016.03	0.73	2.30	94.9	94.1	101.5
2016.04	0.74	2.33	96.0	95.3	101.8
2016.05	0.29	2.04	96.2	95.6	101.5
2016.06	0.27	1.88	96.6	96.0	101.1
2016.07	0.36	1.77	97.9	97.5	100.7
2016.08	0.35	1.34	98.7	98.5	100.3
2016.09	1.01	1.92	100.2	100.1	100.7
2016.10	1.10	2.10	101.7	101.7	101.1
2016.11	1.50	2.25	104.5	104.8	101.7
2016.12	1.52	2.08	106.8	107.3	101.8
2017.01	1.92	2.55	108.5	109.1	102.4
2017.02	0.69	0.80	109.3	110.2	101.3
2017.03	0.68	0.92	108.4	109.3	100.6
2017.04	0.91	1.17	106.8	107.6	100.3
2017.05	1.10	1.52	106.2	106.9	99.8
2017.06	0.90	1.50	106.1	106.8	100.0
2017.07	0.67	1.41	105.8	106.5	99.9
2017.08	1.14	1.77	106.7	107.4	100.4
2017.09	0.99	1.63	106.9	107.7	100.4
2017.10	1.33	1.87	106.8	107.5	100.7
2017.11	1.28	1.73	105.3	105.9	100.5
2017.12	1.42	1.80	104.4	104.8	100.5
2018.01	1.26	1.50	103.9	104.3	100.2
2018.02	2.01	2.90	103.4	103.6	101.1
2018.03	1.44	2.10	102.7	102.8	100.6
2018.04	1.38	1.80	102.8	103.0	100.3
2018.05	1.54	1.80	103.6	103.9	100.6
2018.06	1.84	1.90	104.1	104.4	100.9
2018.07	2.18	2.10	103.9	104.1	101.5
2018.08	2.27	2.30	103.3	103.5	101.6
2018.09	2.65	2.50	103.2	103.3	101.9
2018.10	2.79	2.50	102.8	102.9	101.6
2018.11	2.15	2.20	101.8	101.8	101.2
2018.12	1.43	1.90	100.3	100.1	100.6

8.2 企业商品价格指数 Corporate Goods Price Indices(CGPI)

以1993年12月为100
December 1993=100

	总指数 Overall Index	农产品 Agricultural Product	矿产品 Minning Product	煤、油、电 Coal, Oil and Electricity	加工业产品 Processed Product
2011	154.3	223.3	235.5	289.2	122.3
2012	151.9	227.6	228.0	283.4	120.0
2013	150.8	236.0	223.5	279.2	118.7
2014	144.1	230.2	201.8	250.9	114.8
2015	133.5	238.0	176.7	213.1	107.0
2016.01	132.8	243.2	174.1	205.5	106.8
2016.02	132.6	251.8	174.5	199.7	106.7
2016.03	133.8	251.6	179.8	201.5	107.8
2016.04	135.1	249.8	182.4	204.3	109.0
2016.05	135.3	244.3	182.8	211.1	108.7
2016.06	135.1	238.9	181.3	215.0	108.4
2016.07	135.6	237.5	183.5	215.4	108.9
2016.08	135.8	237.7	185.5	214.2	109.3
2016.09	136.7	239.2	187.5	216.2	111.8
2016.10	137.9	238.7	188.0	221.6	112.5
2016.11	140.3	241.7	193.3	228.2	114.4
2016.12	142.6	245.2	198.8	233.8	116.1
2017.01	144.1	253.0	200.9	238.8	116.8
2017.02	144.9	250.8	204.6	239.4	117.7
2017.03	145.1	244.8	208.5	239.9	118.2
2017.04	144.4	241.6	205.0	239.0	117.7
2017.05	143.7	236.0	201.6	237.9	117.5
2017.06	143.3	233.5	200.0	234.9	117.5
2017.07	143.4	233.5	200.9	232.1	117.8
2017.08	144.9	236.2	207.6	234.7	118.9
2017.09	146.1	237.1	209.7	237.7	119.9
2017.10	147.2	237.9	209.1	240.6	120.8
2017.11	147.8	238.1	208.1	244.5	121.2
2017.12	148.8	241.7	209.9	247.1	121.8
2018.01	149.7	248.5	211.8	253.6	119.7
2018.02	149.8	253.8	212.2	254.5	119.5
2018.03	148.9	244.6	211.5	252.6	119.2
2018.04	148.4	238.3	209.4	253.5	119.1
2018.05	148.8	235.8	209.8	257.3	119.4
2018.06	149.2	234.3	209.5	259.9	119.7
2018.07	149.1	234.8	208.7	260.3	119.5
2018.08	149.7	238.5	214.6	260.9	119.9
2018.09	150.8	243.1	220.9	263.6	120.5
2018.10	151.4	242.3	222.2	266.8	120.8
2018.11	150.5	238.9	223.0	263.3	120.4
2018.12	149.2	240.4	221.0	254.1	119.6

9 主要经济金融指标图
Charts of Major Economic & Financial Indicators

工业增加值当月同比增长变化图
Growth Changes of Industrial Value-added

单位：%
Unit：%

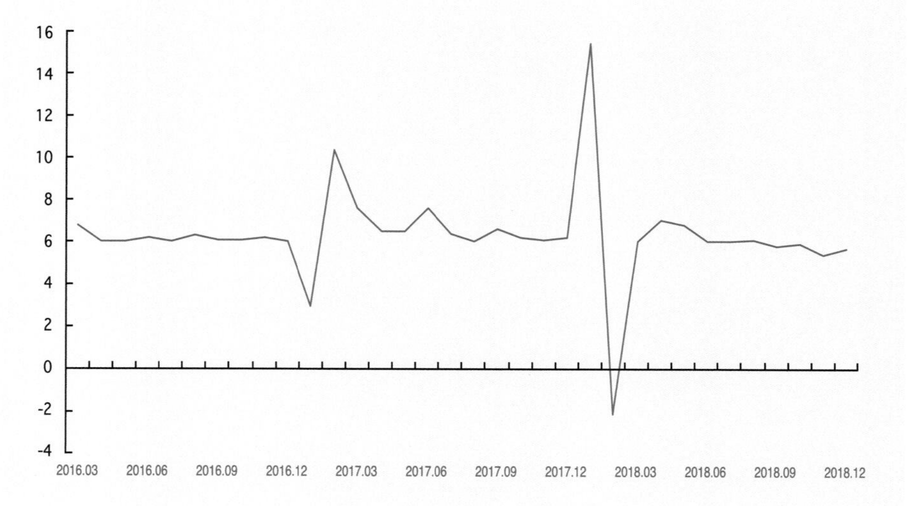

社会消费品零售总额当月同比增长变化图
Growth Changes of Retail Sales of Consumer Goods

单位：%
Unit：%

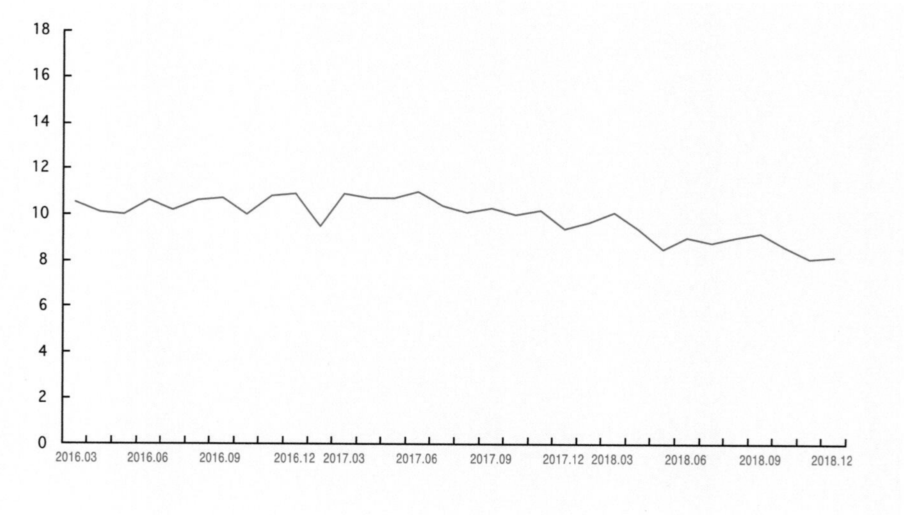

进出口增长变化图
Growth Changes of Import & Export

单位：%
Unit：%

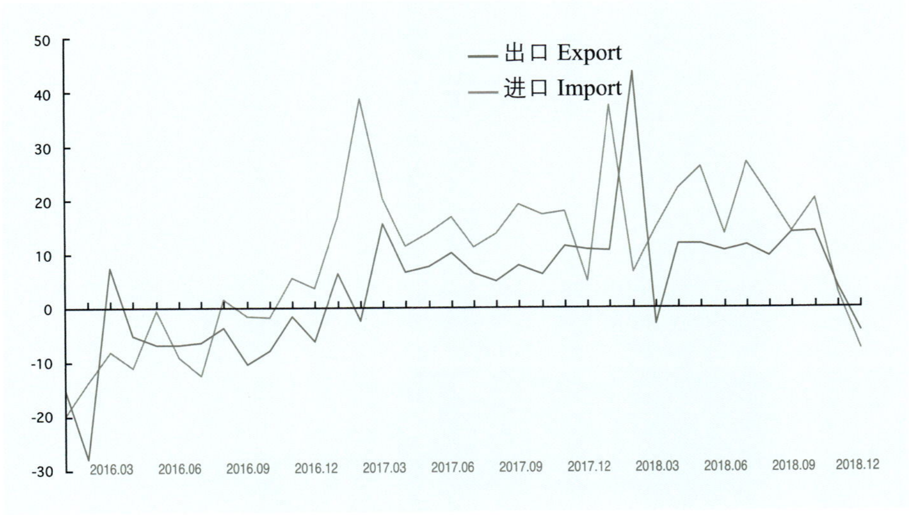

货币供应量增长率图
Money Supply Growth Rate

单位：%
Unit：%

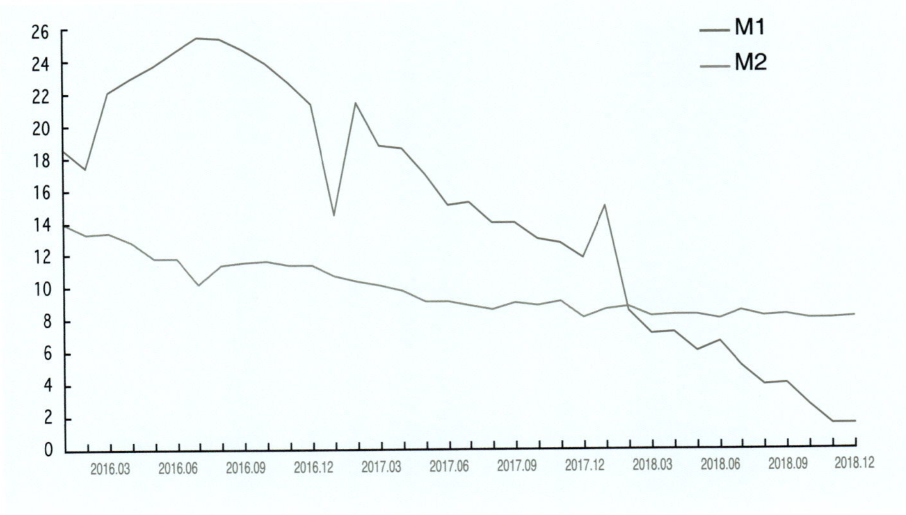

2018 年四季度末其他存款性公司金融资产分布图
Assets Distribution of Other Depository Corporations (End of 2018 Q4)

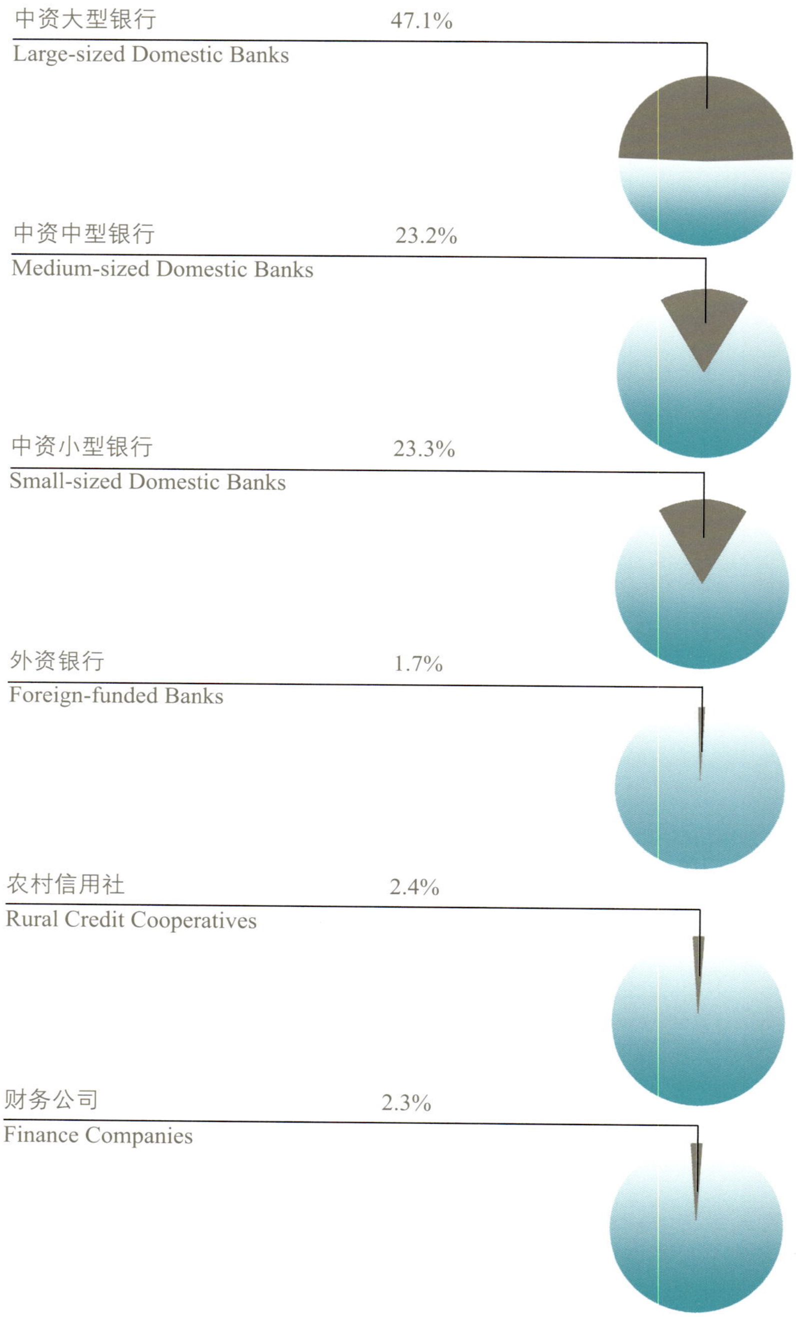

1 年期储蓄利率与居民消费价格指数涨幅对比图

One-year Savings Interest Rate and CPI Growth Rate

单位：%
Unit：%

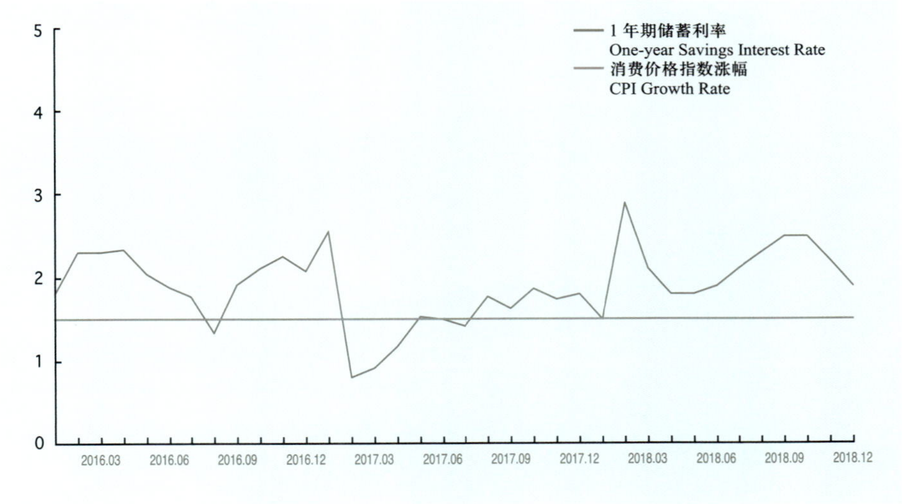

主要物价指数

Major Price Indices

以上年同期为100
Previous Corresponding Month = 100

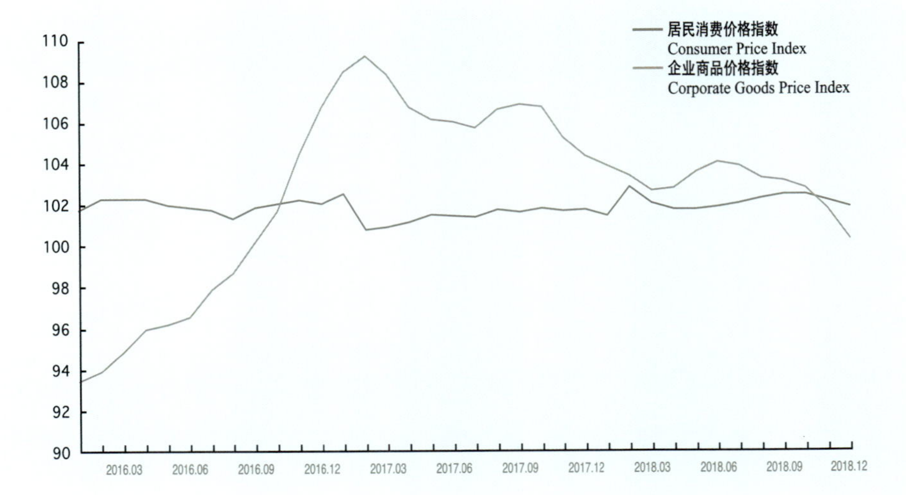

5000户企业经营景气指数高于全国平均水平的主要行业（2018年四季度）

Indices above the National Average Level of Business Conditions of Major Industries among 5000 Principal Enterprises (2018 Q4)

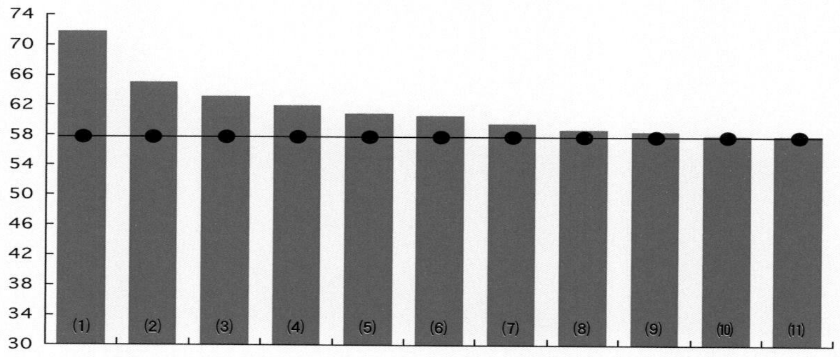

（1）石油加工炼焦业；（2）医药制造业；（3）非金属矿物品业；（4）黑色金属冶炼及压延加工业；（5）塑料制品业；（6）仪器仪表业；（7）食饮烟业；（8）石油和天然气开采业；（9）煤炭采选业；（10）造纸及纸制品；（11）金属矿采选业。

(1) Petroleum Processing and Coking Products; (2) Medical and Pharmaceutical Products; (3) Nonmetal Mineral Products; (4) Smelting and Pressing of Ferrous Metals; (5) Plastic Products; (6) Instruments and Meters Machinery; (7) Manufacture of Food, Beverage and Tobacco; (8) Petroleum and Natural Gas Extraction; (9) Coal Mining and Dressing; (10) Papermaking and Paper Products; (11)Metals Mining and Dressing.

5000户企业货币资金与存货趋势图

Growth Changes of Monetary Funds and Inventories of 5000 Principal Enterprises

以上年同期为100

Previous Corresponding Period = 100

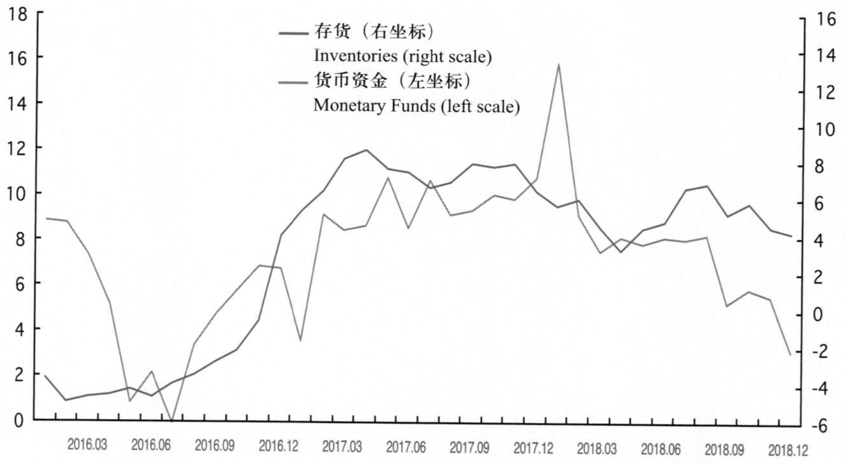

上海银行间同业拆放利率
Shibor

单位：%
Unit：%

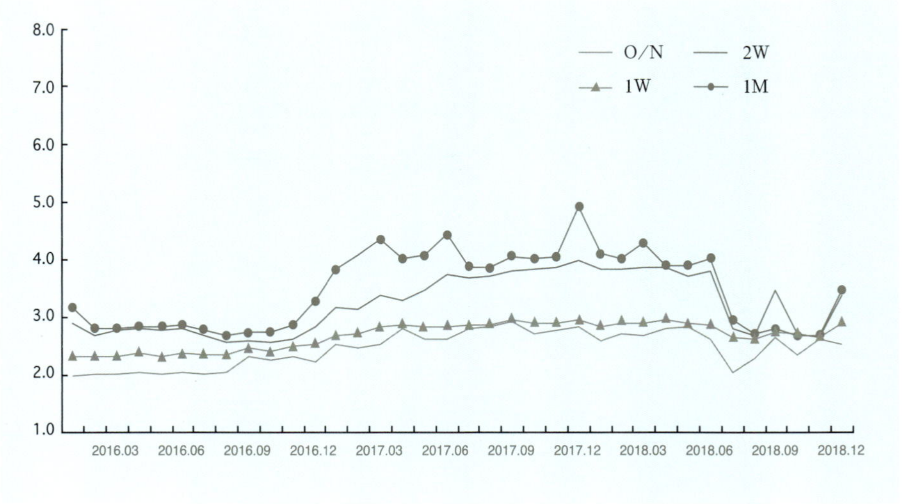

同业拆借、质押式回购月加权平均利率
Monthly Weighted Average Interest Rate of Interbank Lending and Pledged Repo

单位：%
Unit：%

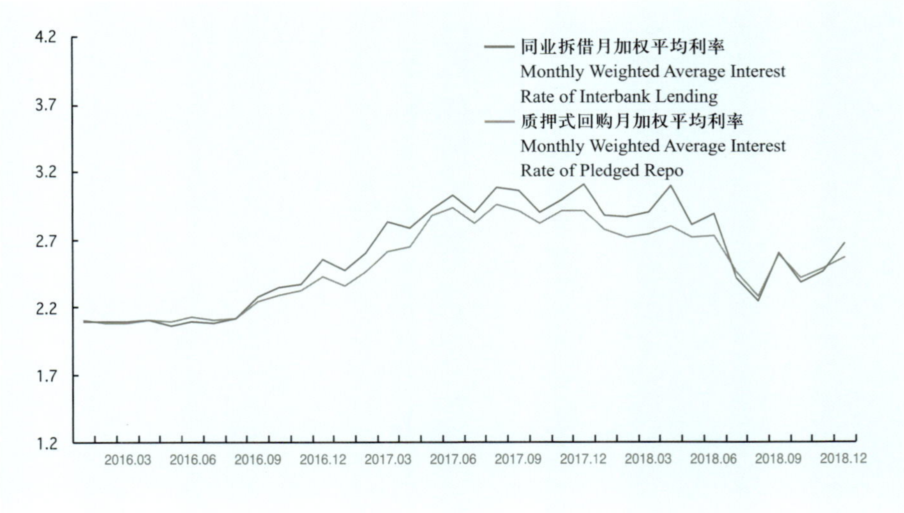

中债国债收益率曲线

Chinabond Yield Curves of Government Securities

单位：%

Unit：%

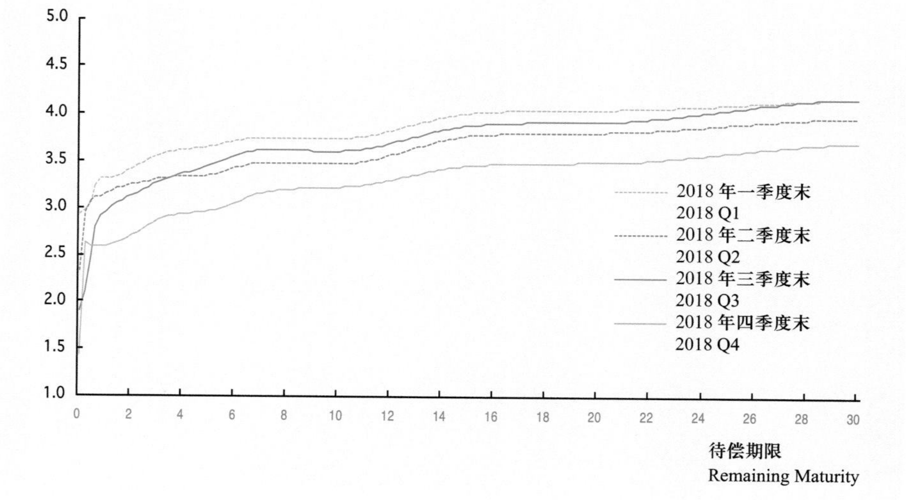

中债国债、中短期票据收益率

Chinabond Yield of Government Securities and Medium/Short-term Notes

单位：%

Unit：%

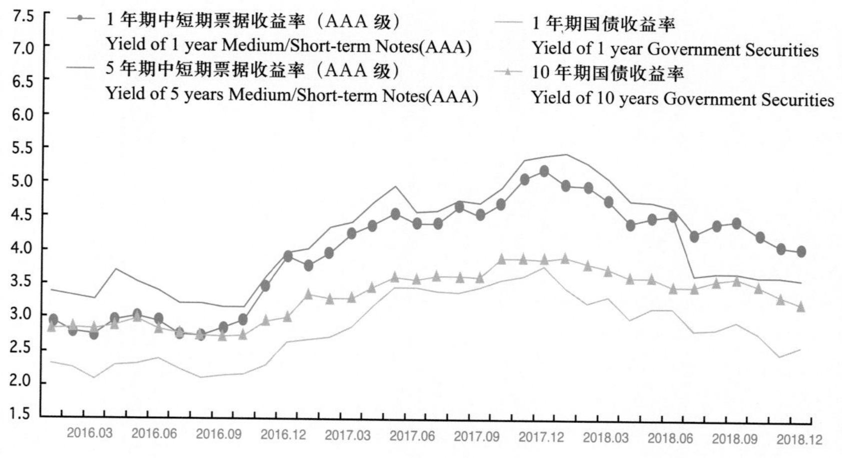

10 主要指标的概念及定义

1 名义 GDP 按市场价格计算的国内生产总值。

国内生产总值 按市场价格计算的国内生产总值的简称。它是一个国家（地区）所有常住单位在一定时期内生产活动的最终成果。在实际核算中，国内生产总值的三种表现形式为三种计算方法，即生产法、收入法和支出法，三种计算方法分别从不同的方面反映国内生产总值及其构成。

三大产业 根据社会生产活动历史发展的顺序对产业结构进行划分，产品直接取自自然界的部门称为第一产业，对初级产品进行再加工的部门称为第二产业，为生产和消费提供各种服务的部门称为第三产业。

工业增加值 指工业在报告期内以货币表现的工业生产活动的最终成果。

国有及国有控股企业 指国有企业加上国有控股企业。国有企业（过去的全民所有制工业或国营工业）是指企业全部资产归国家所有，并按《中华人民共和国企业法人登记管理条例》规定登记注册的非公司制的经济组织，包括国有企业、国有独资公司和国有联营企业。1957年以前的公私合营和私营工业，后均改造为国营工业，1992 年改为国有工业，这部分工业的资料不单独分列时，均包括在国有企业内。国有控股企业是对混合所有制经济的企业进行的国有控股分类，它是指这些企业的全部资产中国有资产（股份）相对其他所有者中的任何一个所有者占资（股）最多的企业。该分组反映了国有经济控股情况。

集体企业 指企业资产归集体所有，并按《中华人民共和国企业法人登记管理条例》规定登记注册的经济组织，是社会主义公有制经济的组成部分。它包括城乡所有使用集体投资举办的企业，以及部分个人通过集资自愿放弃所有权并依法经工商行政管理机关认定为集体所有制的企业。

1 Nominal GDP Nominal GDP is the Gross Domestic Product measured on the basis of current price.

Gross Domestic Product refers to Gross Domestic Product calculated at market price, which is all the final products of all resident units (enterprises and self-employed individuals) of a country (or region) during a certain period of time. In the practice of national accounting, Gross Domestic Product is calculated by three approaches, i. e. product approach, income approach, and expenditure approach, respectively to reflect Gross Domestic Product and its composition from different aspects.

Three Industries industry structure has been classified according to the historical sequence of development. Primary industry refers to extraction of natural resources, secondary industry involves processing of primary products, and tertiary industry provides services of various kinds for production and consumption.

Industrial Value-added refers to final results of industrial production of industry in money terms during reference period.

State-owned and State-holding Enterprises refer to state-owned enterprises plus state-holding enterprises. State-owned enterprises (originally known as state-run enterprises with ownership by the whole society) are non-corporate economic entities registered in accordance with the *Regulation of the People's Republic of China on the Management of Registration of Legal Enterprises*, where all assets are owned by the state. Included in this category are state-owned enterprises, state-funded corporations and state-owned joint-operation enterprises. Joint state-private industries and private industries, which existed before 1957, were transformed into state-run industries since 1957, and into state-owned industries after 1992. Statistics on those enterprises are included in the state-owned industries instead of grouping them separately. State-holding enterprises are a sub-classification of enterprises with mixed ownership, referring to enterprises where the percentage of state assets (or shares by the state) is larger than any other single share holder of the same enterprise. This sub-classification illustrates the control of the state assets.

Collective Enterprises refer to economic entities registered in accordance with the *Regulation of the People's Republic of China on the Management of Registration of Legal Enterprises,* where assets are owned collectively. Collective enterprises constitute an integral part of the socialist economy with public ownership. They include urban and rural enterprises invested collectively, and some enterprises registered in industrial and commercial administration agency as collective units where funds are pooled together by individuals who voluntarily give up their rights of ownership.

10 Concepts and Definitions for Major Indicators

港、澳、台商投资企业 指企业业注册登记类型中的港、澳、台资合资、合作、独资经营企业和股份有限公司之和。

Enterprises with Funds from Hong Kong, Macao and Taiwan refer to all industrial enterprises registered as the joint-venture cooperative, sole(exclusive)investment industrial enterprises and limited liability corporations with funds from Hong Kong, Macao and Taiwan.

外商投资企业 指企业业注册登记类型中的中外合资、合作经营企业，外资企业和外商投资股份有限公司之和。

Foreign Funded Enterprises refer to all industrial enterprises registered as the joint-venture, cooperative, sole(exclusive) investment industrial enterprises and limited liability corporations with foreign funds.

城镇居民可支配收入 指居民家庭在支付个人所得税后余下的实际收入，即实际收入减去个人所得税、家庭副业生产支出和记账补贴后的余额。

Disposable Income of Urban Households equals the actual income deducted by the personal income tax, that is the remainder of the actual income deducted by the personal income tax, the expenditure of the sideline production of households and the subsidies paid for sample-data-collecting.

全社会固定资产投资 固定资产投资额是以货币表现的建造和购置固定资产活动的工作量。全社会固定资产投资包括国有经济单位投资、城乡集体经济单位投资、各种经济类型的单位投资和城乡居民个人投资。

Total Investment in Fixed Assets value of investment in fixed assets refers to construction and purchase of fixed assets in money terms. Total investment in fixed assets includes investment by state-owned units, urban and rural collective units, and units of various other kinds of ownership and individual investment by urban and rural residents.

基本建设投资 指企业、事业、行政单位以扩大生产能力或工程效益为主要目的的新建、扩建工程及有关工作，包括工厂、矿山、铁路、桥梁、港口、农田水利、商店、住宅、学校、医院等工程的建造和机器设备、车辆、船舶、飞机等的购置。

Capital Construction Investment refers to investment in new projects or an addition to existing facilities for the purposes of enlarging production capacity or improving efficiency, which includes construction of plants, mines, railways, bridges, harbors, water conservation facilities, stores, residential facilities, schools, hospitals, and purchase of machinery and equipment, vehicles, ships, and planes.

基本建设投资额 指以货币表现的基本建设完成的工作量。它是根据工程的实际进度按预算价格（预算价格是编制施工图预算时所用的价格）计算的工作量，没有形成工程实体的建筑材料和没有开始安装的设备，都不计算投资完成额。

Value of Construction Investment refers to completion of capital construction in money terms. It is calculated at budget prices according to the actual completion of the project and therefore, construction materials and equipment not put into operation are not included.

更新改造投资 更新改造指国有企业、事业单位对原有设施进行固定资产更新和技术改造，以及相应配套的工程和有关工作（不包括大修理和维护工程）。更新改造投资是以货币表现的更新改造完成的工作量。

Technical Upgrading and Transformation refers to the investment in projects to renew, modernize or replace existing assets and related supplementary projects (excluding major repairs and maintenance projects), which is presented in money terms.

10 主要指标的概念及定义

社会消费品零售额 指各种经济类型的批发和零售贸易业、餐饮业、制造业和其他行业对城乡居民和社会集团的消费品零售额。这个指标反映通过各种商品流通渠道向居民和社会集团供应的满足他们生活需要的消费品，是研究人民生活水平、社会消费品购买力、货币流通等问题的重要指标。

Value of Retail Sales of Consumer Goods refers to the sum of retail sales of consumer goods by wholesale and retail industry, catering, manufacturing establishments and establishments in other industries of different types of ownership to urban and rural households and institutions, as well as retail sales by farmers to non-agricultural households. Illustrating the supply of consumer goods through various channels to households and institutions to meet their demands, this is an important indicator for the study of issues on people's livelihood, on the purchasing power of consumer goods and on the circulation of money.

进出口总额 指实际进出我国境内的货物总金额。进出口总额用于观察一个国家在对外贸易方面的总规模。我国规定出口货物按离岸价格统计，进口货物按到岸价格统计。

The Total Value of Imports and Exports at Customs refers to the value of commodities imported into and exported from the boundary of China. The indicator of the total value of imports and exports at customs can be used to observe the total size of external trade in a country. Under the stipulation of Chinese government, exports are calculated on FOB basis, while imports are on CIF basis.

净出口 指出口与进口的差额。

Net Export refers to the difference between the value of exports and imports.

外商直接投资 指外国企业和经济组织或个人（包括华侨、港澳台胞以及我国在境外注册的企业）按我国有关政策、法规，用现汇、实物、技术等在我国境内开办外商独资企业，与我国境内的企业或经济组织共同举办中外合资经营企业、合作经营企业或合作开发资源的投资（包括外商投资收益的再投资），以及经政府有关部门批准的项目投资总额内，企业从境外借入的资金。

Direct Investment by Foreign Business refers to the investment inside China by foreign enterprises and economic organizations or individuals (including overseas Chinese, compatriots in Hong Kong, Macao and Taiwan, and Chinese enterprises registered abroad), following the relevant policies and laws of China, for the establishment of wholly foreign-owned enterprises, by means of convertible currencies, supplies, technique and so on and the establishment of joint venture enterprises, contractual joint ventures or co-operative exploration of resources with enterprises or economic organization in China (including re-investment of profits from foreign businessmen's enterprises), and the funds that enterprises borrow from abroad in the total investment of projects which are approved by the relevant department of the government.

外汇储备 指一国政府所拥有的全部外汇，其表现形式可以是在国外银行的存款、外国国库券和长短期债券，以及在国际收支发生逆差时可以动用的债权。

Foreign Exchange Reserves refer to the total amount of foreign exchange held by the government of one country which can be in the form of the bank deposits abroad, treasury bonds, short-term and long-term bonds of foreign countries and the claims on nonresidents which can be utilized as the financing resources should the balance of payments deficits arise.

10 Concepts and Definitions for Major Indicators

2 金融机构信贷收支表（人民币）

对金融机构信贷收支表的说明

金融机构范围包括中国人民银行、中国工商银行、中国农业银行、中国银行、中国建设银行、国家开发银行、中国进出口银行、中国农业发展银行、交通银行、中信银行、中国光大银行、华夏银行、广发银行、平安银行、招商银行、上海浦东发展银行、兴业银行、中国民生银行、恒丰银行、浙商银行、渤海银行、城市商业银行、城市信用社、农村信用社、农村商业银行、农村合作银行、外资银行、财务公司、信托投资公司、金融租赁公司、中国邮政储蓄银行、村镇银行*。

[注1] 对2006年货币统计报表的说明

自2006年起，中国人民银行按照国际货币基金组织《货币与金融统计手册》对货币金融统计制度进行了修订。2006年一季度及以后各期数据与历史数据不完全可比。修订的主要内容包括以下三个方面：

①在机构分类上，将金融性公司划分为存款性公司和其他金融性公司，存款性公司划分为货币当局和其他存款性公司。货币当局为中国人民银行，其他存款性公司包括四大国有商业银行、其他国有银行、股份制商业银行、合作金融机构、中国邮政储蓄银行、财务公司。

②根据金融性公司新分类，开始编制其他存款性公司资产负债表；将中央银行资产负债表、其他存款性公司资产负债表合并，编制存款性公司概览。存款性公司概览同原银行概览相比，不包含信托投

2 Sources and Uses of Credit Funds of Financial Institutions (RMB)

Notes to the Sheet of the Sources and Uses of Credit Funds of Financial Institutions

Financial Institutions include the People's Bank of China, Industrial and Commercial Bank of China, Agricultural Bank of China, Bank of China, China Construction Bank, China Development Bank, Export-Import Bank of China, Agricultural Development Bank of China, Bank of Communications, CITIC Bank, China Everbright Bank, Hua Xia Bank, Guangdong Development Bank, Ping An Bank, China Merchants Bank, Shanghai Pudong Development Bank, Industrial Bank Co., Ltd., China Minsheng Banking Corporation, Evergrowing Bank, China Zheshang Bank, China Bohai Bank, Urban Commercial Banks, Urban Credit Cooperatives, Rural Credit Cooperatives, Rural Commercial Banks, Rural Cooperative Banks, Foreign-funded Bank, Finance Companies, Trust and Investment Companies, Financial Leasing Companies and Postal Savings Bank of China, Rural Banks*.

Note 1: Introduction to 2006 Revision of Monetary Statistics

Since 2006, the People's Bank of China has revised the system of monetary and financial statistics in line with the IMF *Manual on Monetary and Financial Statistics*. As from the first quarter of 2006, the monetary statistics thereafter are not fully comparable with historical statistics.The revision includes the following 3 aspects:

① To reclassify the Financial Corporations as the depository corporations and other financial corporations. Depository corporations are sub-divided into categories of the monetary authority and other depository corporations. The monetary authority is the People's Bank of China; other depository corporations include 4 Major State-owned Commercial Banks, Other State-owned Banks, Joint Stock Commercial Banks, Cooperative Financial Institutions, Postal Savings Bank of China, Finance Companies.

② The balance sheet of other depository corporations has been compiled according to the new classification of the financial corporations since 2006. Depository corporations survey is the consolidation of the balance sheets of the monetary authority and the other depositary corporations. The

* 自2009年1月起，金融机构范围包括村镇银行。

* As of January 2009, Rural Banks were included in the coverage of financial institutions.

10 主要指标的概念及定义

资公司和金融租赁公司。自2006年开始不再编制银行概览、货币概览、存款货币银行资产负债表和特定存款机构资产负债表。

main distinction between depository corporations survey and banking survey lies in the fact that data of trust and investment companies and financial leasing companies are not included in the depository corporations survey. Since 2006, the banking survey, monetary survey, balance sheet of monetary authorities, balance sheet of deposit money banks, balance sheet of specific depository institutions will no longer be compiled.

③调整部分报表项目。如将中央银行资产负债表中的"对存款货币银行债权""对特定存款机构债权""对其他金融机构债权"调整为"对其他存款性公司债权"和"对其他金融性公司债权"两项，将"储备货币"项下的"金融机构存款"三个子项调整为"其他存款性公司存款""其他金融性公司存款"等。

③ Adjust some items of all relevant statistical sheets. Examples: reclassify the 3 balance sheet items of the central bank— "claims on deposit money banks" "claims on specific depository institutions" and "claims on other financial institutions" to "claims on other depository corporations" and "claims on other financial corporations". Reclassify the 3 sub-items of "deposits of financial institutions" under "reserve money" to "deposits of other depository corporations" and "deposits of other financial corporations", etc..

1. 货币当局

中国人民银行。

2. 其他存款性公司

(1) 四大国有商业银行：中国工商银行、中国农业银行、中国银行、中国建设银行。

(2) 其他国有银行：国家开发银行、中国进出口银行、中国农业发展银行。

(3) 股份制商业银行：交通银行、中信银行、中国光大银行、华夏银行、广发银行、平安银行、招商银行、上海浦东发展银行、兴业银行、中国民生银行、恒丰银行、浙商银行、渤海银行、农村商业银行、城市商业银行、外资商业银行。

(4) 合作金融机构：城市信用社、农村信用社、农村合作银行。

(5) 中国邮政储蓄银行。

(6) 财务公司。

1. Monetary Authority

The People's Bank of China.

2. Other Depository Corporations

(1) 4 Major State-owned Commercial Banks: Industrial and Commercial Bank of China, Agricultural Bank of China, Bank of China, China Construction Bank.

(2) Other State-owned Banks: China Development Bank, Export-Import Bank of China, Agricultural Development Bank of China.

(3) Joint Stock Commercial Banks: Bank of Communications, CITIC Bank, China Everbright Bank, Hua Xia Bank, Guangdong Development Bank, Ping An Bank, China Merchants Bank, Shanghai Pudong Development Bank, Industrial Bank, China Minsheng Banking Corporation, Evergrowing Bank, China Zheshang Bank, China Bohai Bank, Rural Commercial Banks, Urban Commercial Banks, Foreign-funded Commercial Banks.

(4) Cooperative Financial Institutions: Urban Credit Cooperatives, Rural Credit Cooperatives, Rural Cooperative Banks.

(5) Postal Savings Bank of China.

(6) Finance Companies.

10 Concepts and Definitions for Major Indicators

3. 其他金融性公司

(1) 保险公司和养老基金（企业年金）。

(2) 信托投资公司。

(3) 金融租赁公司。

(4) 资产管理公司。

(5) 汽车金融服务公司。

(6) 金融担保公司。

(7) 证券公司。

(8) 投资基金。

(9) 证券交易所。

(10) 其他金融辅助机构。

[注 2] 对 2010 年货币统计报表的说明

自 2010 年 1 月起，中国人民银行按照国际货币基金组织《货币与金融统计手册》的概念、定义和分类，以中国境内各金融机构的本、外币业务统计数据为基础编制货币统计报表。

主要变动

1. 由于金融机构分组、会计科目的变动，对 2009 年 12 月末数据进行了修正。

2. 调整其他存款性公司机构分组方法。

增设“中资大型银行资产负债表”“中资中型银行资产负债表”和“中资小型银行资产负债表”。终止“国有商业银行资产负债表”“股份制商业银行资产负债表”“政策性银行资产负债表”“城市商业银行资产负债表”“中国邮政储蓄银行资产负债表”。

3. Other Financial Corporations

(1) Insurance Companies and Pension Fund (enterprise annuities).

(2) Financial Trust and Investment Companies.

(3) Financial Leasing Companies.

(4) Asset Management Companies.

(5) Auto Financing Companies.

(6) Financial Guarantee Companies.

(7) Securities Companies.

(8) Investment Funds.

(9) Stock Exchange.

(10) Other Financial Auxiliary Institutions.

Note 2: Introduction to 2010 Revision of Monetary Statistics

As of January 2010, monetary and financial statistics are compiled based on the RMB and foreign currency statistical data of domestically operating financial institutions, in line with the concept, definition and classification of the IMF *Manual of Monetary and Financial Statistics*, by the People's Bank of China.

Major Revisions

1. Statistical data of December 2009 is adjusted as a result of the change in institutional classification and accounting items.

2. Classification of other depository corporations is adjusted.

Newly added balance sheets are compiled for: “Large-sized Domestic Banks” “Medium-sized Domestic Banks” and “Small-sized Domestic Banks”. Original balance sheets are suspended for: “State-owned Commercial Banks” “Joint Stock Commercial Banks” “Policy Banks” “Urban Commercial Banks” and “Postal Savings Bank of China”.

10 主要指标的概念及定义

中资大型银行：本外币资产总量超过 2 万亿元的中资银行（以 2008 年末各金融机构本外币资产总额为参考标准）。

Large-sized Domestic Banks: refer to all the domestic banks with the total RMB and foreign currency asset volume more than 2 trillion yuan (as of year-end 2008).

中资中型银行：本外币资产总量小于 2 万亿元且大于 3000 亿元的中资银行。

Medium-sized Domestic Banks: refer to all the domestic banks with the total RMB and foreign currency asset volume more than 300 billion yuan but less than 2 trillion yuan.

中资小型银行：本外币资产总量小于 3000 亿元的中资银行。

Small-sized Domestic Banks: refer to all the domestic banks with the total RMB and foreign currency asset volume less than 300 billion yuan.

3. 修订后的金融机构分组如下：

3. Classification of Financial Institutions:

(1) 货币当局：中国人民银行。

(1) Monetary Authority: the People's Bank of China.

(2) 其他存款性公司。

(2) Other Depository Corporations.

①中资大型银行：中国工商银行、中国建设银行、中国农业银行、中国银行、国家开发银行、交通银行、中国邮政储蓄银行。

① Large-sized Domestic Banks: Industrial and Commercial Bank of China, China Construction Bank, Agricultural Bank of China, Bank of China, China Development Bank, Bank of Communications, Postal Savings Bank of China.

②中资中型银行：招商银行、中国农业发展银行、上海浦东发展银行、中信银行、兴业银行、中国民生银行、中国光大银行、华夏银行、中国进出口银行、广发银行、平安银行、北京银行、上海银行、江苏银行。

② Medium-sized Domestic Banks: China Merchants Bank, Agricultural Development Bank of China, Shanghai Pudong Development Bank, CITIC Bank, Industrial Bank Co., Ltd., China Minsheng Banking Corporations, China Everbright Bank, Huaxia Bank, Export-Import Bank of China, Guangdong Development Bank, Ping An Bank, Bank of Beijing, Bank of Shanghai, Bank of Jiangsu.

③中资小型银行：恒丰银行、浙商银行、渤海银行、小型城市商业银行、农村商业银行、农村合作银行、村镇银行。

③ Small-sized Domestic Banks: Evergrowing Bank, China Zheshang Bank, China Bohai Bank, Small-sized Urban Commercial Banks, Rural Commercial Banks, Rural Cooperative Banks, Rural Banks.

④外资商业银行。

④ Foreign-funded Commercial Banks.

⑤城市信用社。

⑤ Urban Credit Cooperatives.

⑥农村信用社。

⑥ Rural Credit Cooperatives.

⑦财务公司。

⑦ Finance Companies.

(3) 其他金融性公司。

(3) Other Financial Corporations.

10 Concepts and Definitions for Major Indicators

①保险公司和养老基金（企业年金）。

②信托投资公司。

③金融租赁公司。

④金融资产管理公司。

⑤汽车金融服务公司。

⑥金融担保公司。

⑦证券公司。

⑧投资基金。

⑨证券交易所。

⑩其他金融辅助机构。

① Insurance Companies and Pension Fund (Enterprise Annuities).

② Financial Trust and Investment Companies.

③ Financial Leasing Companies.

④ Asset Management Companies.

⑤ Auto Financing Companies.

⑥ Financial Guarantee Companies.

⑦ Securities Companies.

⑧ Investment Funds.

⑨ Stock Exchange.

⑩ Other Financial Auxiliary Institutions.

主要指标解释

2.1 货币当局资产负债表

1. **国外资产**：中国人民银行控制的以人民币计值的国家外汇储备、货币黄金以及在国际金融机构的头寸和以外汇缴存的人民币存款准备金。

2. **对政府债权**：中国人民银行持有的政府债券。

3. **对其他存款性公司债权**：中国人民银行对其他存款性公司发放的贷款、再贴现、持有的其他存款性公司发行的金融债券以及从其他存款性公司买入的返售证券等。

4. **对其他金融性公司债权**：中国人民银行对其他金融性公司发放的贷款，办理的再贴现以及持有的其他金融性公司发行的债券等。

5. **对非金融性公司债权**：中国人民银行为支持老、少、边、穷地区发展而发放的专项贷款等。

Major Indicators

2.1 Statistical Composition of the Balance Sheet of Monetary Authorities

1. **Foreign Assets:** mainly include Renminbi equivalent value of the state foreign exchange reserves, monetary gold and position of the People's Bank of China with international financial institutions, as well as the RMB required reserves in foreign currencies.

2. **Claims on Government:** holding of government bonds by the People's Bank of China.

3. **Claims on Other Depository Corporations:** financing by the People's Bank of China in forms of lending, rediscounting, repos and etc., to other depository corporations,and purchased bonds issued by other depository corporations.

4. **Claims on Other Financial Corporations:** financing by the People's Bank of China in forms of lending and rediscounting, etc. to other financial corporations,and purchased bonds issued by other financial corporations.

5. **Claims on Non-financial Corporations:** ear-marked loan of the People's Bank of China to poor,remote,and minorities areas for economic development.

10 主要指标的概念及定义

6. **其他资产**：在本表中未作分类的资产。

7. **储备货币**：中国人民银行发行的货币，金融机构在中国人民银行的准备金存款。

8. **发行债券**：中国人民银行发行的债券。

9. **国外负债**：以人民币计值的中国人民银行对非居民的负债，主要包括国际金融机构在中国人民银行的存款等。

10. **政府存款**：各级政府在中国人民银行的财政性存款。

11. **自有资金**：中国人民银行信贷基金。

12. **其他负债**：在本表中未作分类的负债。

6. **Other Assets:** the assets not classified in the sheet.

7. **Reserve Money:** currency issued by the People's Bank of China and reserve requirements of financial insitutions.

8. **Bond Issue:** bonds issued by the People's Bank of China.

9. **Foreign Liabilities:** RMB equivalent value of non-resident claims on the People's Bank of China, mainly including deposits of international organizations with the People's Bank of China.

10. **Government Deposits:** treasury deposits of fiscal departments at various levels with the People's Bank of China.

11. **Self-owned Funds:** credit funds of the People's Bank of China.

12. **Other Liabilities:** the liabilities not classified in the sheet.

2.2 其他存款性公司资产负债表

1. **国外资产**：其他存款性公司以人民币计值的对非居民的债权，主要包括库存外币现金、存放境外同业、拆放境外同业、境外有价证券投资、境外贷款等。

2. **储备资产**：其他存款性公司存放在中国人民银行的准备金存款及库存现金。

3. **对政府债权**：其他存款性公司持有的政府债券。

4. **对中央银行债权**：其他存款性公司持有中国人民银行发行的债券及其他债权。

5. **对其他存款性公司债权**：其他存款性公司持有的本机构以外的其他存款性公司以本币和外币计值的可转让存款、贷款、股票及其他股权、金融衍生工具等。

2.2 Statistical Composition of the Balance Sheet of Other Depository Corporations (ODCs)

1. **Foreign Assets:** claims of other depository corporations on non-residents in Renminbi equivalent value, including cash in vaults, deposits with and lendings to foreign banks, overseas portfolio investments and overseas lending.

2. **Reserve Assets:** reserve requirements account with the People's Bank of China and cash in vaults.

3. **Claims on Government:** government bonds purchased by other depository corporations.

4. **Claims on Central Bank:** central bank bonds purchased by other depository corporations, and other claims on central bank.

5. **Claims on Other Depository Corporations:** claims of other depository corporations (ODCs)on other ODCs denominated in Renminbi or in foreign currencies, including transferrable deposits, loans,shares and other equities and financial derivatives, etc..

6. **对其他金融性公司债权**：其他存款性公司存放和拆放给其他金融性公司的款项以及持有其他金融性公司发行的债券等。

7. **对非金融性公司债权**：其他存款性公司对非金融性公司发放的贷款、票据融资和对非金融性公司的投资等。

8. **对其他居民部门债权**：其他存款性公司对其他居民部门发放的贷款等。

9. **其他资产**：在本表中未作分类的资产。

10. **对非金融机构及住户负债**：其他存款性公司吸收的非金融机构及住户的活期存款、定期存款、储蓄存款、外汇存款及其他负债。

11. **对中央银行负债**：其他存款性公司向中国人民银行借入的款项，包括再贷款、再贴现、债券回购等。

12. **对其他存款性公司负债**：其他存款性公司从其他存款性公司吸收的存款和拆入款等。

13. **对其他金融性公司负债**：其他存款性公司从其他金融性公司吸收的存款和拆入款项等。

14. **国外负债**：其他存款性公司以人民币计值的对非居民的负债，如非居民外汇存款、境外筹资和国外同业往来等。

15. **债券发行**：其他存款性公司为筹措资金而发行的债券等。

16. **实收资本**：其他存款性公司实际收到出资人投入公司的资本。

17. **其他负债**：在本表中未作分类的负债。

6. **Claims on Other Financial Corporations:** deposits with and lending to other financial corporations by other depository corporations and purchased bonds issued by these financial corporations.

7. **Claims on Non-financial Corporations:** loans to, notes on discount to and investment in non-financial corporations by other depository corporations.

8. **Claims on Other Resident Sectors:** loans to other resident sectors by other depository corporations.

9. **Other Assets:** the assets not classified in the sheet.

10. **Liabilities to Non-financial Institutions & Households Sectors:** deposits of non-financial & households sectors with other depository corporations, including demand deposits, time deposits and saving deposits, foreign exchange savings and other liabilities.

11. **Liabilities to Central Bank:** borrowing from the People's Bank of China in forms of borrowing, rediscounting, repos and etc., by other depository corporations.

12. **Liabilities to Other Depository Corporations:** deposits of and borrowing from other ODCs by other depository corporations.

13. **Liabilities to Other Financial Corporations:** deposits of and borrowing from other financial corporations.

14. **Foreign Liabilities:** liabilities of other depository corporations to non-residents in Renminbi equivalent value, including foreign exchange deposit of non-resident, external borrowing, and inter-bank transactions with foreign banks.

15. **Bonds Issue:** bonds issued by other depository corporations.

16. **Paid-up Capital:** capital contributed actually by the investors to other depository corporations.

17. **Other Liabilities:** the liabilities not classified in the sheet.

10 主要指标的概念及定义

2.3 存款性公司概览及货币供应量

将汇总的货币当局资产负债表与汇总的其他存款性公司资产负债表合并，编制存款性公司概览。

广义货币为存款性公司概览中的货币和准货币，现阶段我国货币供应量分为以下三个层次：

M0：流通中现金；
M1：货币，M0 + 活期存款；
M2：M1 + 准货币。

自 2001 年 6 月起，准货币中含证券公司存放在金融机构的客户保证金。

2.3 Depository Corporations Survey and Money Supply

Depository corporations survey is the consolidation of the balance sheets of the monetary authorities and other depository corporations.

Broad money is the money and the quasi-money of the depository corporations. There are three indicators of money stock at current stage in China:

M0: currency in circulation;
M1: or money, M0 + demand deposits;
M2: M1 + quasi-money.

Effective June 2001, other deposits would include margin account of security companies maintained with financial institutions.

3 金融市场

金融市场指资金供给者和资金需求者从事资金融通活动的场所。

同业拆借 指与全国银行间同业拆借中心联网的金融机构之间通过同业中心的交易系统进行的无担保资金融通行为。拆借期限最短为 1 天，最长为 1 年。交易中心按 1 天、7 天、14 天、21 天、1 个月、2 个月、3 个月、4 个月、6 个月、9 个月、1 年共 11 个品种计算和公布加权平均利率。

质押式回购 指交易双方进行的以债券为权利质押的一种短期资金融通业务，指资金融入方（正回购方）在将债券出质给资金融出方（逆回购方）融入资金的同时，双方约定在将来某一日期由正回购方按约定回购利率计算的资金额向逆回购方返还资金，逆回购解除出质债券上质权的融资行为。质押式回购的期限为 1 天到 365 天，交易系统按 1 天、7 天、14 天、21 天、1 个月、2 个月、3 个月、4 个月、6 个月、9 个月、1 年共 11 个品种统计公布质押式回购的成交量和成交价。

3 Financial Markets

Financial markets are markets in which financing activities occur between supplier and demander.

Interbank Lending refers to no-guarantee financing business which is dealt through the trading system of the CFETS by and among financial institutions which link the CFETS via the network. For interbank lending, the shortest term is 1 day, and the longest term is 1 year. The CFETS is responsible for calculating and publicating the weighted average rates in accord with a total of 11 terms including 1 day, 7 days, 14 days, 21 days, 1 month, 2 months, 3 months, 4 months, 6 months, 9 months, and 1 year.

Pledged Repo a type of short-term financing business where bonds are used by both trading parties as a pledge of rights. It refers to a financing act in which borrower (positive repo party), pledges bonds to lender (reverse repo party) for funds, and at the same time two parties agree upon that when at a future date positive repo party returns the amount of funds calculated at the specified repo rate to the reverse repo party, the reverse repo party shall lift the pledged rights on the pledged bonds. The terms of pledged repo range from 1 day to 365 days. Through the trading system, the trading volume and price of pledged repo is publicly released as a total of 11 terms including 1 day, 7 days, 14 days, 21 days, 1 month, 2 months, 3 months, 4 months, 6 months, 9 months and 1 year.

10 Concepts and Definitions for Major Indicators

债券 以票据形式筹集资金而发行的、承诺按一定利率付息和一定期限偿还本金的书面债务证书。包括国债、中央银行票据、金融债券、公司信用类债券等。

Bonds negotiable and bearer instruments which give the holder the unconditional right to a fixed or contractually determined variable interest on a specified date or dates. They include government securities, central bank bills, financial bonds, and corporate debenture bonds.

国债 政府发行的债券。

Government Securities securities issued by the government.

金融债券 除中央银行以外的金融机构发行的债券。

Financial Bonds bonds issued by the financial institutions excluding the central bank.

公司信用类债券 非金融企业发行的债券，包括非金融企业债务融资工具、企业债券以及公司债、可转债等。

Corporate Debenture Bonds bonds issued by the non-financial corporate businesses and include non-financial enterprise financing instruments, enterprise bonds, corporate bonds, convertible bonds, etc..

Shibor 上海银行间同业拆放利率，以位于上海的全国银行间同业拆借中心为技术平台计算、发布并命名，是由信用等级较高的银行组成报价团自主报出的人民币同业拆出利率计算确定的算术平均利率，是单利、无担保、批发性利率。目前，对社会公布的 Shibor 品种包括隔夜、1 周、2 周、1 个月、3 个月、6 个月、9 个月及 1 年。

Shibor Shanghai Interbank Offered Rate is calculated, announced and named on the technological platform of the National Interbank Funding Center in Shanghai. It is a simple, no-guarantee, wholesale interest rate calculated by arithmetically averaging all the interbank RMB lending rates offered by the price quotation group of banks with a high credit rating. Currently, the Shibor consists of eight maturities: overnight, 1 week, 2 weeks, 1 month, 3 months, 6 months, 9 months and 1 year.

中债国债收益率曲线 以全国银行间市场发行的人民币计价的固定利率国债为样本券，期限自隔夜至 50 年的收益率曲线。样本券发行人为中华人民共和国财政部。

Chinabond Yield Curve of Government Securities the yield curve with sample securities of CNY-denominated fixed-rate treasury bond with Yield-to-Maturity from O/N to 50 years in national interbank market. The issuer of the sample securities is Ministry of Finance of People's Republic of China.

中债中短期票据收益率曲线（AAA 级） 以全国银行间市场发行的人民币计价的固定利率中期票据、短期融资券、超短期融资券和非公开定向债务融资工具为样本券，期限自隔夜至 15 年的收益率曲线。样本券发行人为主体信用评级为 AAA 级的非金融机构。

Chinabond Yield Curve of Medium/Short-term Notes (AAA) the yield curve with sample securities of CNY-denominated fixed-rate Medium-term notes, Short-term financing bonds, Super Short-term commercial paper and Privately placed debt-financing instruments with Yield-to-Maturity from O/N to 15 years in national interbank market. The issuer of the sample securities are non-financial institutions with credit rating of AAA.

10 主要指标的概念及定义

4 资金流量表（金融交易账户）

资金流量表（金融交易账户）[①] 用矩阵账户的表现形式，反映国民经济各机构部门之间，以及国内与国外之间所发生的一切金融交易的流量。该账户将国民经济所有的机构单位区分为五大机构部门：住户、非金融企业、政府、金融机构和国外，并列在矩阵账户的宾栏；将发生在这五大机构部门之间的所有金融交易按交易发生时所采用的金融工具的形式进行分类，列在矩阵账户的主栏；采用复式记账法，按权责发生制原则，以交易价格记录所有金融交易流量的价值；在每一个机构部门下，设来源与运用，反映各机构部门在各种金融资产与负债上的变化。

［注］2010 年资金流量核算统计制度进行了修订，将小额贷款公司和金融机构的银行承兑汇票、委托、信托等业务纳入资金流量核算。同时，将 2008—2009 年的资金流量核算表按 2010 年制度进行调整，保证数据可比。

住户部门 由城镇住户和农村住户构成。其中，含个体经营户。该部门主要从事最终消费活动及以自我使用为目的的生产活动，也从事少量的以盈利为目的的生产活动。

非金融企业部门 由所有从事非金融生产活动，并以盈利为目的的常住独立核算的法人企业单位组成。

政府部门 由中央政府、各级地方政府、机关团体和社会保障基金组成。该部门为公共和个人消费提供非营利性产出，并承担对国民收入和财富进行再分配的职责。

4 Flow of Funds Statement (Financial Transactions Accounts)

Flow of Funds Statement (Financial Transactions Accounts)[①] being presented in matrix format. Flow of Funds Accounts encompasses all financial transactions among domestic sectors and between these sectors and the rest of the world. In the accounts, all institutional units are grouped under five sectors: households, non-financial corporations, general government, financial institutions and the rest of the world, and all financial transactions are mainly classified by financial instruments. The sectors and financial transactions are listed on the rows and columns of the matrix respectively. The double entry flow of funds accounting is based on an accrual basis. All flows are measured according to their exchange value. The terms sources and uses are employed to reflect the changes in financial assets and financial liabilities of each sector.

Note: part of funds flow accounting system in 2010, is adjusted, we put small loans company, bank acceptance bills, designated and trust plan transactions into financial flow accounts. And adjust 2008-2009 tables to guarantee the comparability to 2010 year.

Households include urban and rural households with individually-owned enterprises also included. The sector is mainly engaged in final consumption and self-serving production. Some of them are also engaged in profit-making production.

Non-financial Corporations consist of resident corporate units which are market producers and whose principal activity is the production of goods and non-financial services.

General Government includes central government, local government, government organization and social security funds. They produce and supply non-market output for collective and individual consumption and carry out transactions intended to redistribute national income and wealth.

① 目前有些金融交易尚无法统计，如股权、商业信用和某些应收应付项目等。

① Some financial transactions are not accounted temporarily, such as equity, trade credit, some accounts receivable/payable.

10 Concepts and Definitions for Major Indicators

金融部门 由中央银行、银行及其他金融机构组成。该部门提供含保险在内的金融服务。

Financial Sector includes central bank, banks and other financial institutions. They supply financial service including insurance.

国外部门 与国内机构单位发生金融交易的所有非常住机构单位。

The Rest of the World non-resident units which have financial transactions with resident units.

资金运用合计 各部门资金运用之和。

Financial Uses is the total amounts in the uses column of each sector.

资金来源合计 为各部门资金来源之和。

Financial Sources are the total amounts in the sources column of each sector.

净金融投资 资金运用合计与资金来源合计的差额。

Net Financial Investment is the differences between financial uses and financial sources.

通货① 以现金形式存在于市场流通领域中的货币，包括辅币和纸币。

Currency① notes and coins in circulation.

本币通货 由常住货币当局（中国人民银行）发行的，用于流通的货币。

RMB Currency notes and coins in circulation issued by resident monetary authorities (the People's Bank of China).

外币通货 由非常住货币当局发行的，常住单位持有的，在国内流通的外币现金。

Foreign Currencies are notes and coins in circulation issued by non-resident monetary authorities and held by residents.

存款 以各种形式存在的所有存款，具体包括活期存款、定期存款、财政存款、外汇存款和其他存款。

Deposits include all types of deposits denominated in local and foreign currencies, including demand deposit, time deposit, fiscal deposit, foreign exchange deposit and others.

活期存款 没有约定期限、随时可提取使用的存款，包括住户活期储蓄存款、企业活期存款、政府活期存款等。

Demand Deposit deposits which can be withdrawn on demand, including household demand saving deposit, enterprise demand deposit, government demand deposit etc..

定期存款 有一定期限、原则上到期前不能提取的存款，包括住户定期储蓄存款、企业定期存款、政府定期存款等。

Time Deposit deposits that are not immediately disposable because they are subject to a fixed term or a period of prior notice before withdrawal, including household time saving deposit, enterprise time deposit, government time deposit etc..

① 现在还无法统计人民币在国外流通的以及外币在国内流通的货币数量。
① RMB circulated in foreign countries and the domestically circulated foreign currencies are not accounted temporarily.

10 主要指标的概念及定义

财政存款 财政部门存放在银行业金融机构的各项财政资金，包括财政库款、财政过渡存款、待结算财政款项、国库定期存款、预算资金存款以及专用基金存款。

Fiscal Deposit deposits of the government in the banking financial institutions, including fiscal vault funds, fiscal transition deposit, fiscal funds to be settled, national vault time deposit, planing deposit and special use funds deposit.

外汇存款 常住非金融机构单位在金融机构及国外的外币存款，以及非常住单位在国内金融机构的外币存款。

Foreign Exchange Deposit foreign exchange denominated deposits of non-financial residents with domestic financial institutions and the rest of world, and those of non-residents with domestic financial institutions.

其他存款 未包括在以上存款中的其他存款，如委托存款、信托存款、保证金存款以及其他存款等。

Other Deposits deposit which are not classified above, such as designated deposit, trust deposits, margin account deposits, etc..

证券公司客户保证金 由客户存入其他存款性公司，由其他存款性公司作为第三方，保管的证券公司客户交易的结算资金。

Customer Margin of Securities Company the deposit of clients in other depository corporations which is the 3rd party to reserve the deposit, for settlement of securities company clients transaction.

贷款 各种形式的贷款，具体包括短期贷款、票据融资、中长期贷款、外汇贷款、委托贷款和其他贷款。

Loans all transactions in loans, including short-term loan, bills financing, medium-and long-term loan, foreign exchange loan, designated loan and other loans.

短期贷款 金融机构对企业和住户提供的期限在 1 年及 1 年以内的贷款。

Short-term Loan loans with a short-term (usually within one year or one year) maturity.

票据融资 银行业金融机构通过对客户持有的商业汇票、银行承兑汇票等票据进行贴现提供的融资。

Bills Financing financial institutions offered the funds to the clients by discounting the commercial paper, bank acceptance and other papers they held.

中长期贷款 金融机构为企业提供的期限在 1 年以上的贷款。

Medium-term and Long-term Loans loans with a long-term (usually beyond one year) maturity.

外汇贷款 金融机构对常住非金融机构及国外的外币贷款，以及国外对常住单位提供的贷款。

Foreign Exchange Loan foreign exchange denominated loans extended to the resident by domestic financial institutions and the rest of world, and to non-residents by domestic financial institutions.

委托贷款 由政府部门、企事业单位及个人等委托人提供资金，由贷款人（受托人）根据委托人确定的贷款对象、用途、金额、期限、利率等代为发放、监督使用并协助收回的贷款。

Designated Loans used and managed to specified target and goals by banking financial institutions entrusted by government, enterprise, household or other designators which offer the founds.

10 Concepts and Definitions for Major Indicators

其他贷款 未包括在以上贷款中的其他贷款，如信托贷款等。

Other Loans loans which are not classified above, include trust loan etc..

未贴现银行承兑汇票 指未在银行贴现的银行承兑汇票，即企业签发的全部银行承兑汇票扣减已在银行表内贴现部分，以避免重复统计。

Undiscounted Bankers Acceptance Bills bankers acceptance bills which haven't been discounted in financial institutions, equals all the bankers acceptance bills minus their discounted parts to avoid repeat accounting.

保险准备金 指社会保险和商业保险基金的净权益，保险费预付款和未结索赔准备金。

Insurance Technical Reserves consist of net equity of social insurance and commercial insurance funds reserves, prepayments of insurance premiums, and reserves for outstanding claims.

金融机构往来 指金融机构部门子部门之间发生的同业存放、同业拆措和债券回购等。

Inter-financial Institutions Accounts consist of nostro & vostro accounts, interbank lending and repo among the sub-sectors of financial institutions.

准备金 指各金融机构在中央银行的存款及缴存中央银行的法定准备金。

Required and Excessive Reserves financial institutions deposits in the People's Bank of China.

证券① 含债券和股票。

Securities① all bonds and shares.

债券 以票据形式筹集资金而发行的、承诺按一定利率付息和一定期限偿还本金的书面债务证书。包括国债、金融债券、中央银行债券、企业债券等。

Bonds negotiable and bearer instruments which give the holder the unconditional right to a fixed or contractually determined variable interest on a specified date or dates, and do not grant the holder any ownership rights in the institutional unit issuing them. They include government and public bonds, financial bonds, central bank bonds and corporate bonds.

国债 政府发行的债券。

Government and Public Bonds bonds issued by the government.

金融债券 除中央银行以外的金融机构发行的债券。

Financial Bonds bonds issued by the financial institutions excluding the central bank.

中央银行债券 中央银行发行的债券。

Central Bank Bonds bonds issued by the central bank.

企业债券 非金融企业发行的债券。

Corporate Bonds bonds issued by the non-financial corporate businesses.

① 目前尚未包含股权和不能在股票交易所交易的股票的发行筹资额。

① Equity and unlisted shares are not included temporarily.

10 主要指标的概念及定义

股票[①] 股份有限公司依照公司法的规定，为筹集公司资本所发行的、用于证明股东身份和权益并据此获得股息和红利的凭证。

Equity[①] documents which represent property rights on corporations and entitle the holders to a share in the profits of the corporations and to a share in their net assets.

证券投资基金份额 由证券投资基金发行的，证明投资者持有的基金单位数量的受益凭证。

Security Investment Funds issued by securities investment fund, which indicates quantity of fund held by investor.

库存现金 银行机构为办理本币和外币现金业务而准备的现金业务库存。

Cash in Vault local and foreign cashes reserved for business by banks.

中央银行贷款 指中央银行向各金融机构的贷款。

Central Bank Loans loans to financial institutions by the central bank.

其他（净） 除上述金融交易以外的其他国内金融交易。

Miscellaneous(net) domestic financial transactions not included elsewhere.

外国直接投资 外国对我国的直接投资以及我国常住单位对外国的直接投资。

Foreign Direct Investment the investments inside China by the rest of the world and those in the rest of the world by domestic residents.

其他对外债权债务 除储备资产和外汇存贷款以外的全部国内与国外间的债权债务。

Other Foreign Assets and Liabilities the changes in foreign assets and liabilities other than foreign exchange deposits and loans, and the changes in reserve assets.

国际储备资产 包括黄金、外汇、特别提款权、在国际货币基金组织的储备头寸和对基金信贷的使用。

Reserve Assets consist of gold, foreign exchange, special drawing rights, reserve positions with IMF, use of IMF credit, and etc..

国际收支误差与遗漏[②] 编制国际收支平衡表过程中，由于资料不完整，统计时间、统计口径、统计分类和计价标准不一致，以及不同币种间的换算差额等原因而形成的误差与遗漏。

Errors and Omissions[②] in the Balance of Payments are due to incomplete data source, the differences of book-entry timing, statistical coverage, classification, valuation, the conversion between different currencies and etc..

① 目前仅含能在股票交易所进行交易的股票的发行筹资额。
① Only includes listed shares.
② 由于无法区分国际收支误差与遗漏中经常项目和资本项目的比例，目前的做法是将国际收支的全部误差与遗漏都放入资金流量金融账户中。
② Because it is difficult to identify the proportion of this item on the current account to that on the capital account, all the errors and omissions in the Balance of Payments are presented on the flow of funds accounts temporarily.

10 Concepts and Definitions for Major Indicators

5 5000户企业景气调查

5000户企业景气调查制度建于1990年。调查包括月度工业企业主要财务指标统计及季度工业景气状况问卷调查。调查企业以国有大中型工业生产企业为主，还包括一些具有相当经济规模，有代表性的集体工业生产企业及企业集团。1993年以后增加了部分合资、外资及股份制工业生产企业。调查企业涉及27个行业，样本企业结构与中国工业的企业结构基本适应。调查结果大体上能反映中国工业的景气状况。

货币资金占用系数 为了实现一定量的产品销售需要占用的货币资金数量，即单位销售额占用的货币资金数。它可用于判断企业货币资金的松紧程度。

货币资金占用系数＝期末货币资金余额／(当年累计)产品销售收入额 ×12／月数

流动比率 指流动资产总额和流动负债总额之比。流动比率表示企业流动资产中在短期债务到期时变现用于偿还流动负债的能力。

流动比率＝流动资产合计／流动负债合计 ×100%

资产负债率 指一定时期内企业流动负债和长期负债与企业总资产的比率。该指标既反映企业经营风险的大小，又反映企业利用债权人提供的资金从事经营活动的能力。

资产负债率＝(流动负债＋长期负债)／资产总计 ×100%

5 Business Survey of 5000 Principal Enterprises

The system of business survey of 5000 principal enterprises was initiated in 1990. The business survey encompasses monthly statistics of financial indicators of industrial enterprises and quarterly conducted questionnaire research of business conditions of these enterprises. The state-owned large-size and medium-size industrial enterprises constitute the majority of surveyed enterprises with some representative collectively-owned enterprises and conglomerates of handsome economic scale also being included in the samples. Since 1993, some joint venture, foreign-funded and share-holding industrial enterprises have entered into the survey successively. The surveyed enterprises involve 27 industries and the structure of sample enterprises is commensurate with that of China's industrial enterprises. The outcome of the business survey can basically reflect the business conditions of China's industry.

Ratio of Monetary Funds Occupation the amount of monetary funds required for realizing a certain amount of product sales, i.e. money required per unit sale. It is used for analyzing monetary situation of enterprises.

Ratio of monetary funds occupation=period-end balance of monetary funds/(current year accumulated)amount of product sales × 12/months

Liquidity Ratio ratio of liquid assets against liquid liabilities. It indicates an enterprise's capacity of liquidating assets to repay liquid liabilities when short-term debt becomes due.

Liquidity ratio=liquid assets/liquid liabilities × 100%

Liabilities / Assets Ratio ratio of liquid and long-term liabilities to total assets of an enterprise during the fixed period. It not only indicates the riskness of an enterprise, but also the operational capacities of the enterprise in utilizing creditor's money.

Liabilities/Assets ratio=(liquid liabilities+long-term liabilities)/ total assets × 100%

10 主要指标的概念及定义

流动资产周转率 指一定时期内流动资产平均占用额完成产品销售额的周转次数，反映流动资产周转速度和流动资产利用效果。

流动资产周转率 =（当年累计产品销售收入额 ×12/ 月数）/ 流动资产平均占用额

Turn-over Ratio of Liquid Assets number of times of average liquid assets' turn-over in a certain period for realizing products sales. It indicates the turn-over speed of liquid assets and effectiveness of the use of liquid assets.

Turn-over ratio of liquid assets=(accumulated sales of the current year × 12/months)/average liquid assets utilization

工业产品销售率 指一定时期内产品销售收入占工业产值的百分比，是反映工业产品生产已实现销售的程度，分析工业产销衔接状况的指标。

工业产品销售率 = 产品销售收入额 / 工业总产值（现价）× 100%

Industrial Products Sales Ratio ratio of product sales against total industrial production. It reflects the realized product sales in the industrial production enterprises and the links between production and sales.

Industrial production sales ratio=revenue of product sales/ value of industrial production(current price) × 100%

销售成本利润率 指一定时期内实现的利润额与耗费的销售成本总额之间的比率。

销售成本利润率 = 利润总额 / 产品销售成本 × 100%

Ratio of Profits to Sales Expenses ratio of realized profits against sales expenses.

Ratio of profits to sales expenses=profits/product sales expenses × 100%

6 **零售价格指数** 由国家统计局编制，是反映城乡商品零售价格变动趋势的一种经济指数。零售物价的调整变动直接影响城乡居民的生活支出和国家的财政收入，影响居民购买力和市场供需平衡，影响消费与积累的比例。因此，计算零售价格指数，可以从一个侧面对上述经济活动进行观察和分析。

6 **Retail Price Index (RPI)** reflects the general change in prices of retail commodities, which is compiled by State Statistics Bureau (SSB). The changes in retail prices directly affect living expenditure of urban and rural residents and government revenue, purchasing power of residents and equilibrium of market supply and demand, and the proportion of consumption and accumulation. Therefore, RPI can predict to certain extent the changes of the above economic activities.

居民消费价格总指数 由国家统计局编制，是反映一定时期内城乡居民所购买的生活消费品和服务项目价格变动趋势及程度的相对数，是综合了城市居民消费价格指数和农民消费价格指数计算取得的。利用居民消费价格指数，可以观察和分析消费品的零售价格和服务价格变动对城乡居民实际生活费支出的影响程度。

Consumer Price Index (CPI) reflects the relative change in prices of consumer goods and services purchased by urban and rural residents, and is derived from urban CPI and rural CPI, which is compiled by SSB. CPI can be used to predict the impact of consumer price changes on living expenditure of urban and rural residents.

10 Concepts and Definitions for Major Indicators

企业商品价格指数 由中国人民银行编制，其前身是批发物价指数，始编于1994年。这是反映企业间商品交易价格变动趋势和程度的综合价格指数，其商品调查范围涵盖全社会物质产品，既包括投资品，也包括消费品。指数体系包括三种分类：一是按国家标准行业分类，二是按商品的生产过程分类，三是按商品用途（也称需求）分类。企业商品价格指数采用固定权数加权几何平均公式计算，所用权数根据投入产出表和工业普查资料、农业统计资料和其他补充调查资料测算。全国共有220多个调查城市，分布在除西藏以外的各省、自治区和直辖市。所选商品791种，规格品1700多种，报价企业2500户。

Corporate Goods Price Index (CGPI) compiled by the People's Bank of China and it was preceded by Wholesale Price Index (WPI), which had come into existence since 1994. CGPI is a comprehensive price index, which represents developments in the prices of goods provided in inter-enterprise transactions. The surveyed goods of CGPI covers all material products of the whole society, i.e. capital goods and consumer goods. And the Price Index System can be classified as three different categories: the first one classification is in line with the state standard industry classification, the second one is on the basis of different production process, and the third one is on the basis of commodity uses. The calculation of CGPI is based on the equation of fixed-weighted geometric mean with the weights calculated on the basis of the input-output table, industry general survey, agriculture statistics and other supplementary survey. There are more than 220 cities joining the survey, which covers all provinces, municipalities under direct jurisdiction of central government, and autonomous regions except Tibet. The CGPI covers 791 surveyed commodities, more than 1700 sample goods and 2500 outlets of enterprises.

责任编辑：贾　真
责任校对：李俊英
责任印制：裴　刚

图书在版编目（CIP）数据

中国人民银行统计季报．2019年第1期：总第93期／中国人民银行调查统计司编．—北京：中国金融出版社，2019.3
ISBN 978-7-5220-0064-0

Ⅰ.①中… Ⅱ.①中… Ⅲ.①中国人民银行—统计资料—2019 Ⅳ.①F832.31-66

中国版本图书馆CIP数据核字（2019）第061581号

中国人民银行统计季报
Zhongguo Renmin Yinhang Tongji Jibao

出版
发行　中国金融出版社
社　址　北京市丰台区益泽路2号
市场开发部　（010）63266347，63805472，63439533（传真）
网 上 书 店　http：//www．chinafph．com
（010）63286832，63365686（传真）
读者服务部　（010）66070833，62568380
邮　编　100071
经　销　新华书店
印　刷　北京侨友印刷有限公司
装　订　平阳装订厂
尺　寸　210毫米×285毫米
印　张　7.25
字　数　212千
版　次　2019年3月第1版
印　次　2019年3月第1次印刷
定　价　98.00元
ISBN 978-7-5220-0064-0
如出现印装错误本社负责调换　联系电话（010）63263947